# המדריך האולטימטיבי לבצק ביתי

טיפים, טכניקות ו-100 מתכונים לכיכרות מושלמות בכל פעם. מאוכל נוח
קלאסי ועד טוויסטים יצירתיים

שלדייא לאונמע

# תוכן העניינים

**תוכן העניינים** **3**
**מבוא** **7**
1. קציץ בשר חרדל דבש 8
2. קציץ בשר טעים 10
3. Leberkäse 12
4. קציץ בשר וולינגטון 15
5. קציץ בשר חריף עם רוטב פטריות שמנת חמוצה 17
6. קציץ בשר רוטב BBQ 19
7. קציץ הבשר האולטימטיבי של Sous Vide 21
8. קציץ בשר ברסק תפוחים גרמני 23
9. קציץ בשר אורז 25
10. קציץ בשר איטלקי 27
11. קציץ בשר הודו טחון 29
12. כיכר בשר הודו ממולא תרד 31
13. קציץ בשר עוף והודו 33
14. טורקיה יום מיקס קציץ בשר 35
15. קציץ בשר פיצה 37
16. מרינרה של קציצות הודו 39
17. קציץ בשר סלסה הודו 41
18. קציץ בשר הודו עם שקד שעועית מעורבת 44
19. עכברי קציצות בשר ליל כל הקדושים 47
20. קציץ בקר גבינתי 49
21. מיני קציץ בשר בצל צ'דר 51
22. מיני קציץ בשר ממולא מוצרלה 53
23. קציץ בשר גבינת תפוחי אדמה ברביקיו 55

24. כיכר צ'דר בורגר 57

25. קציץ בשר גבינת צ'ילי 59

26. קציצת בשר צ'ילי ותפוחי אדמה 61

27. קציץ בשר מקרוני וגבינה 63

28. קציץ מוצרלה 65

29. קציץ הודו גבינתי 67

30. קציצת בשר קוזדילות 69

31. קציץ בשר בשכבות 71

32. לחם וקציץ בקר 73

33. ברביקיו קציץ בשר 76

34. קציץ בשר בסגנון גן 78

35. קציץ בשר קלאסי בבישול איטי 80

36. קציץ בשר מג'יק סלואו סיר 82

37. Amish Meatloaf 84

38. קציץ בקר קישואים 86

39. קציץ בשר צ'דר 88

40. קציץ בשר מזוגג ברוטב 90

41. קציץ בשר בקר 93

42. קציץ בשר מזוגג 95

43. קציץ בשר דרום-מערבי 97

44. חבילת קציץ בשר 100

45. Bison Meatloaf 102

46. קציץ בשר בסגנון יווני 104

47. ביף מיקס קציץ בשר 106

48. קציץ בשר עטור פרסים 108

49. קציץ בשר נישואים של אמיש 110

50. קציץ בשר מיושן 112

51. קציץ בשר סופר לח — 114

52. קציץ בשר בתנור הולנדי — 116

53. קציץ בשר בתנור הולנדי עם אורז — 118

54. קציץ בשר מחנה — 120

55. קציץ בשר חזיר ועשבי תיבול — 122

56. בובוטי (קציץ בשר טלה) — 124

57. קציץ בשר טלה ועשבי תיבול — 126

58. קציץ טלה עם רוטב יוגורט — 128

59. קציץ בשר תפוחים — 131

60. קציץ בשר חמוציות — 133

61. מרק לימון, קציץ בשר וקישואים — 135

62. קציץ פירות יבשים — 137

63. קציץ בשר תפוחי בקר — 139

64. קציץ בשר עם צימוקים ומשמשים — 141

65. קציץ אננס — 143

66. ביכר אורז אגוזי מלך, בצל וגזר — 145

67. ביכר פולנטה דרום-מערבית — 147

68. ביכר פקאן-עדשים — 149

69. ביכר חומוס — 151

70. שעועית, ביכר דוחן עם בטטה ופטריות — 153

71. ביכר לחם עגבניות צלוי אש — 155

72. קציץ בשר טבעוני — 157

73. בוסות קפחה טורקיה — 160

74. מיני קציצות בצל ממולאות — 162

75. מאפינס בשר הודו — 164

76. מיני קציצות בשר וושינגטון — 166

77. מאפינס קציץ בשר — 168

170       78. מלית קורדון בלו אספרגוס

172       79. מלית ברוקולי גבינה

174       80. מלית

176       81. מלית הודו

178       82. אולה נאמן

180       83. מרמלדת תפוזים

182       84. רוטב אדובו חלק

184       85. רוטב ברביקיו צ'יפוטלה

186       86. רוטב גובלין חליפין

188       87. רוטב קונג-פו ברביקיו

190       88. Windy City Street Fighter Sauce

192       89. רוטב מורדור BBQ

194       90. רוטב בית המשמר

196       91. רוטב שטיינדורף מתוק

198       92. קירה-קירה

200       93. רוטב ג'וקר

202       94. רוטב קיקלופ קוריאני

204       95. מבצע אוברלורד

206       96. רוטב כדור אש

208       97. רוטב קציצות בשר פרחוניות

210       98. רוטב אוכל מוות

212       99. הרוטב הזועם של קפטן אמריקה

214       100. רוטב טיטאן

216       **סיכום**

# מבוא

קיצ'ק בשר הוא אוכל מנחם שקלסי מומשל לאראוחת ערב משפחתיות ואירועים
מיוחדים כאחד. במדריך הזה תלמדו את כל מה שאתם צריכים לדעת כדי להכין קיצ'ק
בשר מושלם בכל פעם, החל מבחירת המרכיבים הנכונים ועד לשיטות הגשה ותמלולים.

המדריך מתחלק לסוגיות השונות של הכנת קיצ'ק בשר. הכל מג זה. תיעוט ופנות טוכת ולכל מהבהש
שבהה לריכון ולרי ... לכנת מעטהו המרקס להגשה טיפי טימצי ומהן
קיצ'ק בשר קלאסיים וגם טוויסטים יצירתיים המשלבים בתלינים מיליויי שוני.

ואצמת. תמצאו טיפים לשאריות .ומכ, בשל רחא בלש ... תמצאו כל מתכון בלול והראות בשל ...
גם מתכונים לטריבי ולצדדים שמשתלבים בצורה מושלמת עם קיצ'ק בשר, ומכ ...
יריקות צלויים ורוטב.

בנוסף למתכוני קיצ'ק מאפים קלסיים, מדריך זה כולל גם מתכונים מסורתיים, בשר קיצ'ק בשר ... מיני כירות בשר ...
בשאירות קיצ'ק בשר בדרכים יצירתיות, ומכ ... וקוסדילות!

## 1. קציץ בשר חרדל דבש

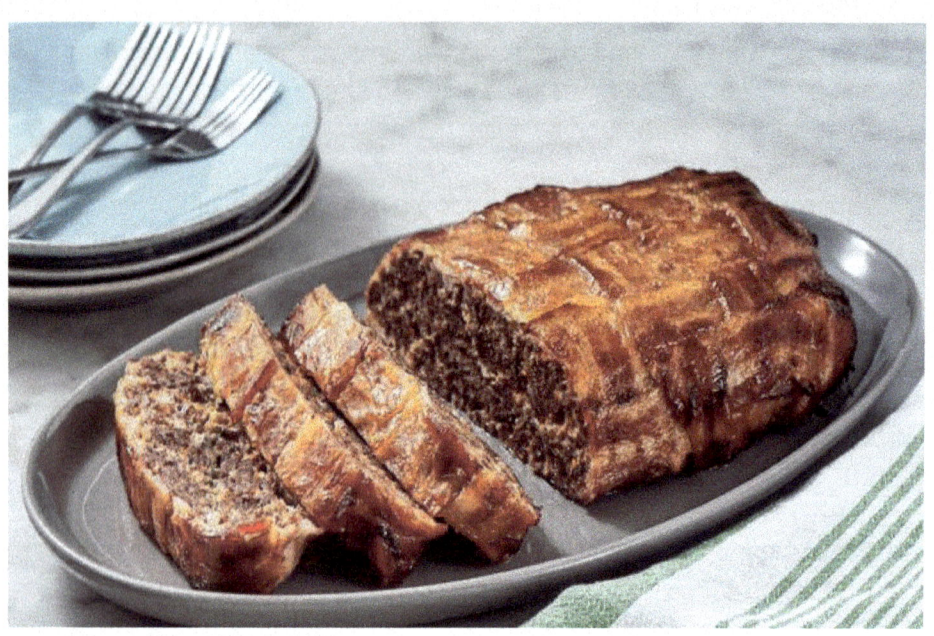

מכינה: 8 מנות

רכיבים:
- 1½ קילו בשר טחון רזה
- ⅓ כוס פירורי לחם יבשים
- 2 ביצים
- ½ כוס בצל קצוץ
- 1 כפית עלי בזיליקום
- ½ כפית מלח
- ¼ כפית פלפל
- 3 כפות חרדל בסגנון דיז'ון
- 3 כפות דבש
- 2 כפות בצל ירוק קצוץ

הוראות:

a) מחממים תנור ל-350. מערבבים בשר טחון, פירורי לחם, בצל, בזיליקום, מלח ופלפל. מערבבים פנימה את הביצים, מערבבים קלות אך ביסודיות. מעצבים לכיכר.

b) מניחים את הכיכר בתבנית אפייה (או על תבנית אפייה, כמו תבנית ברילר.

c) מערבבים דבש וחרדל, מברישים ½ תערובת על הכיכר.

d) אופים ללא כיסוי במשך 30 דקות. מברישים בשארית הזיגוג.

e) אופים עוד 20 עד 30 דקות. מוציאים מהתנור, מפזרים בצל ירוק.

## 2. קציץ בשר טעים

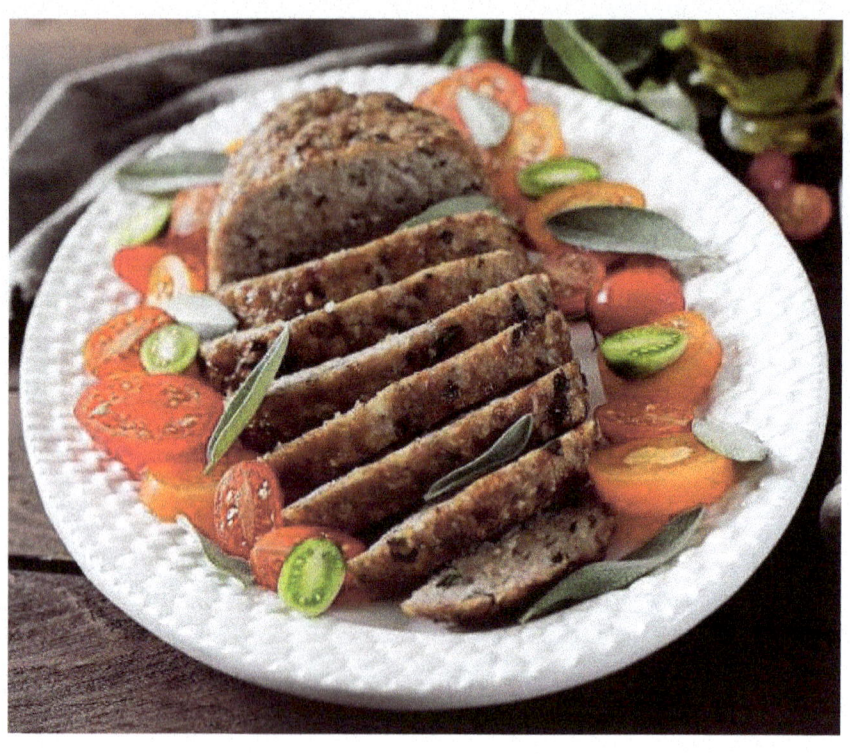

רכיבים:

- 7 גרם פרושוטו, פרוס דק
- 7 גרם פרובולון, פרוס דק
- 2 כוסות בייבי תרד
- 1 כוס רוטב עגבניות
- ½ כוס רסק עגבניות
- 1 כף חומץ תפוחים
- 4 כפות סטיביה
- 1 קילו חזיר טחון
- ½ בצל, קצוץ
- ½ כוס פלפל חריף, קצוץ
- 2 שיני שום, קצוצות
- ¼ כוס גבינת פרמזן, מגוררת
- 2 ביצים אורגניות
- 1 כפית אורגנו, מיובש
- 1 כפית בזיליקום, מיובש
- מלח ופלפל לפי הטעם
- 1 כף חמאה

הוראות:

a) הגדר את התנור על F 350.

b) ממיסים את החמאה במחבת על אש בינונית. זורקים פנימה את הבייבי תרד ומתבלים במלח ופלפל. מבשלים עד שהעלים נבולים.

c) מערבבים בקערה את רוטב העגבניות והרסק, יחד עם סיידר התפוחים והסטיביה. מערבבים ומניחים בצד.

d) בקערה אחרת מערבבים את בשר החזיר, הבצל, הפלפל, השום, הפרמזן ועשבי התיבול. מערבבים היטב.

e) להניח נייר אפייה בגודל של כ-10 סנטימטרים ולמרוח את הבשר מעל. מסדרים מעל את הפרושוטו ואחריו את התרד והפרובולון ליצירת קציץ בשר. אטום דפנות.

f) מניחים את קציץ הבשר בתבנית מרופדת בנייר כסף ויוצקים מעל את רוטב העגבניות.

g) אופים בתנור קצת יותר משעה או עד שהטמפרטורה הפנימית מגיעה ל-F 165.

## Leberkäse .3

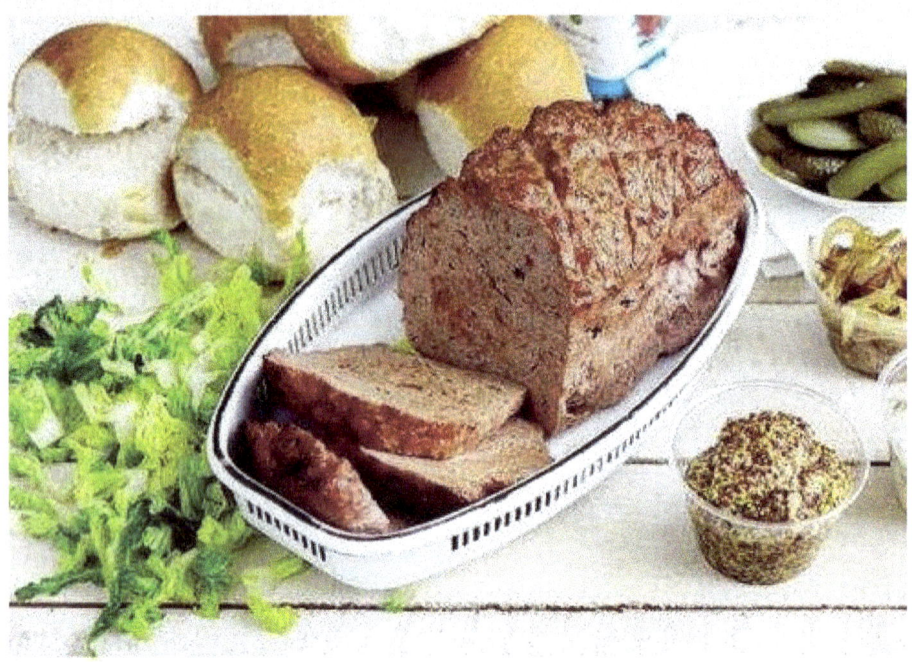

רכיבים:

- 2 כפיות פלפל לבן, רצוי טחון טרי
- 1 כפית מלח מרפא
- 1 כפית מייס או אגוז מוסקט
- 1 כפית זרעי כוסברה, רצוי טחונים טריים
- 1 כף עלי מיורן קצוצים
- 3 בצלים: 1 קצוץ גס, 2 פרוס דק
- 2 שיני שום, קצוצות
- 180 גרם בייקון מעושן ללא קליפה, קצוץ
- 500 גרם בשר בקר טחון
- 500 גרם חזיר טחון
- 350 מ"ל מים קרים בקרח
- 2 כפות שמן זית
- 8-6 לחמניות קרומיות, מחוממות ופרוסות לרצועות
- חופן חסה, קצוצה
- 6–4 קורנישונים, פרוסים לאורך
- חרדל, לפי הטעם
- שמן צמחי, לשימון

**למיונז העירית**

- 6 כפות מיונז
- חבורה קטנה של עירית, חתוכה
- פלפל שחור טחון טרי

הוראות:

a) מחממים את התנור ל-160°C/180°C מאוורר/גז סימן 4.
b) מניחים במעבד מזון את הפלפל, המלח, המאסה או אגוז המוסקט, הכוסברה, המיורן, הבצל הקצוץ והשום ומערבבים לעיסה. מוסיפים את הבייקון ומעבדים שוב עד לקבלת תערובת אחידה וחלקה למדי. כשהמנוע פועל, זרקו כף טחון לתוך המעבד, תנו לו לעבד כ-20 שניות בערך לפני שמוסיפים עוד.
c) לאחר שהוספו גם בשר הבקר וגם טחון החזיר, תוך שמירה על המנוע פועל, יוצקים פנימה את המים הקרים בקרח בזרזיף יציב.
d) אפשר להכל להתעבד עוד כמה דקות עד שיש לך משחה ממש חלקה דמוית פאטה. אם קערת המעבד שלך נמצאת בצד הקטן, ייתכן שיהיה עליך לעשות זאת בכמה קבוצות כדי לקבל אותה חלקה מספיק, ואז לטרוף את הקבוצות יחד לאמולסיה אחידה.

e) מגרדים את התערובת לתוך תבנית הלחם המוכנה, מהדקים אותה היטב לפינות ומגבירים אותה ומחליקים את פני השטח כך שייראה כמו כיכר לחם מוגבהת. אל תדאגו שהתבנית מלאה עד גדותיה - היא לא תתרומם תוך כדי הבישול ועל ידי בנייתו גבוה תקבלו פרוסות גדולות ויפות כשחותכים אותו.

f) מרטיבים סכין חדה במים קרים. צרו חתכים אלכסוניים על פני השטח כדי ליצור תבנית יהלום, נגבו והרטיבו מחדש את הסכין תוך כדי כך שהיא לא תידבק.

g) מניחים את התבנית על תבנית אפייה ומחליקים לתנור. אופים כשעה ו-15 דקות, עד שהוא משחים על פני השטח ומתרחק מדפנות התבנית. זה צריך להיות חם עד הסוף - אם יש לך מדחום לבשר, הוא צריך לקרוא 75°C/170°F במרכז; אם לא, הכנס שיפוד למרכזו והשאיר אותו למשך 20 שניות, ולאחר מכן גע בו במהירות בשפה התחתונה - הוא אמור להרגיש חם ולא פושר.

h) בזמן שהקציץ מתבשל, מכינים את מיונז העירית על ידי ערבוב המיונז והעירית יחד בקערה קטנה ומתבלים במעט פלפל. לְהַפְרִישׁ.

i) מניחים את השמן והבצל הפרוס במחבת גדולה ומניחים על אש בינונית, מטגנים עד שמתחיל להתרכך ולהזהיב קלות, כ-10 דקות. מכבים את האש ומניחים בצד עד שהקציץ מבושל.

j) לאחר שהקציץ יצא מהתנור, מוציאים אותו מהתבנית ומניחים על קרש חיתוך. זה אמור לצאת בקלות, משופד על מזלג בכל קצה.

k) חותכים לפרוסות בעובי 2 ס"מ.

l) מניחים את הבצלים בחזרה על אש בינונית, דוחפים אותם לצד אחד של המחבת. מטגנים את פרוסות ה-leberkäse כדקה מכל צד עד שהם פריכים. ייתכן שיהיה עליך לעשות זאת בקבוצות, תלוי בגודל המחבת שלך. הבצלים צריכים להתקרמל יפה לצד פרוסות קציץ הבשר - אם הם משחימים מדי, מרימים אותם לצלחת.

m) להרכבת הלחמניות מורחים את מיונז העירית על הבסיס של כל אחת ומעליה מעט חסה וכמה פרוסות קורפון. מוסיפים לכל אחד פרוסת leberkäse, ואחריה כמה בצלים. מורחים מעט חרדל על המחצית העליונה של הלחמנייה ולוחצים אותה על ההמבורגר. מגישים מיד.

## 4. קציץ בשר וולינגטון

עושה: 8

רכיבים:

- פחית אחת (10.75 אונקיות) שמנת מרוכזת של מרק פטריות
- 2 פאונד בשר בקר טחון
- ½ כוס פירורי לחם יבשים, בסדר
- 1 ביצה, טרופה מעט
- ⅓ כוס בצל, קצוץ דק
- 1 כפית מלח
- ⅓ כוס מים
- לחמניות ארוחת ערב בקירור של 8 אונקיות חצי סהר

הוראות:

a) מחממים תנור ל-375 מעלות F.
b) מערבבים היטב ½ כוס מרק, בשר בקר, פירורי לחם, ביצה, בצל ומלח.
c) עצב בחוזקה לכיכר בגודל 4 x 8 אינץ'; מניחים בתבנית אפייה רדודה.
d) אופים במשך שעה. בסיר מערבבים את המרק שנותר, מים ו-2 עד 3 כפות מהטפטופים. חום; מערבבים מדי פעם להגיש עם כיכר.
e) לאחר הכנת הכיכר, כף שומן.
f) הפרידו לחמניות חצי סהר, מניחים לרוחב מעל הצדדים ולמטה של כיכר הבשר, חופפים מעט.
g) אופים עוד 15 דקות.

## 5. קציץ בשר חריף עם רוטב פטריות שמנת חמוצה

עושה: 8

רכיבים:
- 1 (8 אונקיות) מיכל בצל מטבל שמנת חמוצה, מחולק
- 2 ¼ כוסות פירורי לחם רכים
- ½ כוס סלרי קצוץ דק
- ¼ כוס בצל קצוץ
- 2 כפות פימנטו קצוץ
- 1 כפית עשב שמיר מיובש
- ¾ כפית מלח
- 1 קורט פלפל
- 1 קילו בשר בקר טחון
- 1 קילו חזיר טחון
- 2 ביצים, טרופים
- 1 קופסת שמנת מרק פטריות
- רוטב פטריות שמנת חמוצה

הוראות:
a) בקערה גדולה מערבבים ביצים, ½ כוס מטבל שמנת חמוצה בצל, פירורי לחם, סלרי, בצל, פימנטו, עשב שמיר, מלח ופלפל; לערבב היטב. מערבבים פנימה את בשר הבקר והחזיר הטחון.
b) בסיר איטי, חוצים שתי רצועות נייר כסף בגודל 15 x 2 אינץ' (השתמש בחומר כבד או בעובי כפול של רגיל), לרוחב התחתית ולמעלה בצדדים. מניחים את תערובת הבשר על גבי רצועות נייר הכסף, לוחצים קלות ליצירת כיכר עגולה שלא נוגעת בדפנות הסיר.
c) כיסוי; לבשל על אש נמוכה 8 עד 9 שעות. הרם את קציץ הבשר, בעזרת ידיות נייר הכסף; לנקז עודפי שומן.
d) מגישים עם רוטב פטריות שמנת חמוצה.

**רוטב פטריות שמנת חמוצה:**
e) בסיר, שלבו את חצי הכוס הנותרת של מטבל שמנת חמוצה בצל ומרק שמנת פטריות.
f) מחממים, תוך ערבוב מדי פעם.

## 6. קציץ בשר רוטב BBQ

עושה: 6

רכיבים:

- 1 קילו חזיר טחון
- 1 קילו בשר בקר טחון
- ½ פלפל ירוק, קצוץ דק
- 1 בצל גדול, קצוץ דק
- 1 כוס פירורי לחם
- ½ כוס חלב
- ביצה 1
- 1 כוס רוטב ברביקיו
- מלח ופלפל לפי הטעם

הוראות:

a) מחממים תנור ל-350 F מעלות.
b) מערבבים את פירורי הלחם עם החלב בקערה גדולה. מוסיפים את הבשר ואת שאר המרכיבים. השתמשו רק בכ-¾ כוס מרוטב הברביקיו. מערבבים היטב את כל תערובת הבשר.
c) מוסיפים את תערובת הבשר בתבנית משומנת היטב. שים את יתרת רוטב הברביקיו על גבי קציץ הבשר.
d) אופים כשעה או עד שמוכן.

## 7. קציץ הבשר האולטימטיבי מסוג Sous Vide

עושה: 6

רכיבים:

- 2 כפות שמן זית
- ½ בצל צהוב, קלוף וחתוך לקוביות
- ¼ פלפל צהוב, זרע וחתוך לקוביות
- ¼ פלפל ירוק, זרעים וחתוך לקוביות
- ¼ פלפל אדום, זרעים וחתוך לקוביות
- ½ כוס עגבנייה, רסק
- 2 ביצים גדולות
- ¼ כוס שמנת כבדה
- 1 כף רוטב ווסטרשייר
- 1 כפית מלח ים
- ½ כפית פלפל שחור גרוס
- ½ כפית פפריקה
- ¼ כפית אבקת שום
- ½ קילו סינטה טחונה
- ½ בשר חזיר טחון
- ¼ נקניק איטלקי מתוק

הוראות:

a) הגדר את הסו-וידאו שלך ל-60C/140F.

b) בסיר בינוני מחממים את שמן הזית על אש בינונית ומוסיפים את הבצל, הפלפלים והעגבנייה.

c) מבשלים עד שהפלפלים והבצל רכים.

d) בקערה גדולה מערבבים את הביצים, השמנת, הבצל והפלפלים ואת כל התבלינים.

e) לבסוף מוסיפים את הבשר הטחון ומערבבים עד שהוא מתאחד היטב.

f) יוצקים את התערובת לתוך שקית גדולה אטומה בוואקום.

g) אוטמים את השקית כך שתישמר צורת כיכר בסיסית בתחתית והטבלו אותו באמבט המים למשך שעתיים לפחות, אך לא יותר מ-6 שעות.

h) כשקציצת הבשר כמעט נגמרת, מחממים את הפטם שלך לגבוה.

i) מוציאים את קציץ הבשר מהשקית ומניחים על תבנית אפייה או תבנית צלייה.

j) לצלות 5 דקות ולהפוך.

k) קולים עוד 5 דקות ומוציאים מהצלייה.

## 8. <u>קציץ בשר ברסק תפוחים גרמני</u>

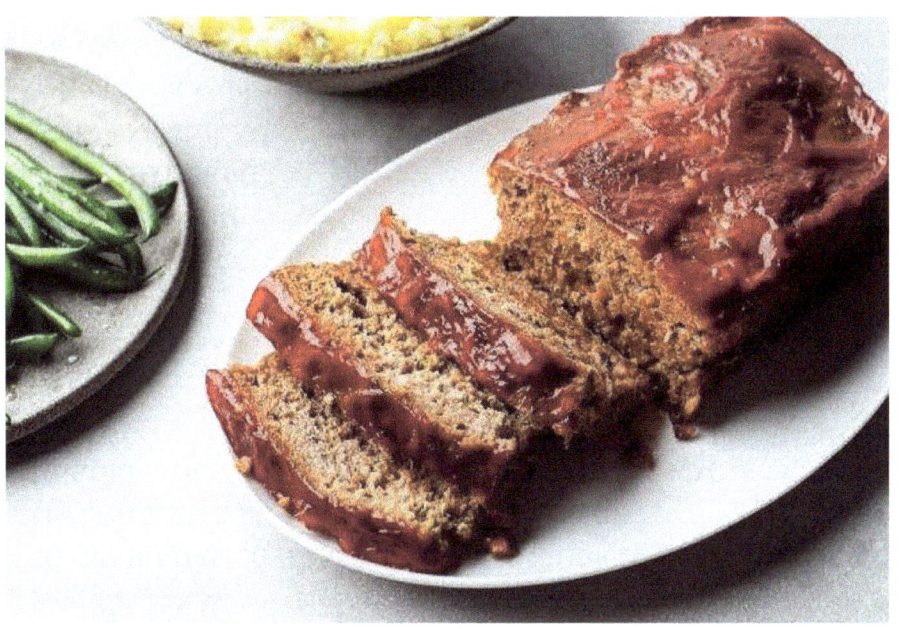

מכינה: 8 מנות

רכיבים:

- 1½ פאונד בשר בקר טחון
- ½ פאונד חזיר טחון
- ½ כוס בצל חתוך דק
- 1 כוס רסק תפוחים
- 1 כוס פירורי לחם
- 3 כפות קטשופ
- 2 כפיות מלח
- ¼ כפית פלפל שחור

הוראות:

a) מחממים תנור ל-F'350. שמן קלות תבנית כיכר 9x5x3 אינץ'. בקערה גדולה, מערבבים את כל החומרים ומערבבים היטב.
b) מניחים את תערובת קציצות הבשר בתבנית המוכנה. אופים במשך 1½ עד 2 שעות.
c) מניחים להתקרר 10-15 דקות.
d) מוציאים את הכיבר מהתבנית. פורסים ומגישים.

## 9. קציץ בשר אורז

מכינה: 6 מנות

רכיבים:

- ¾ פאונד בשר בקר רזה
- ¾ פאונד בשר חזיר טחון רזה
- ½ כוס אורז מומר; גלם
- ½ כוס חלב
- ¼ כוס בצל; טָחוּן
- 2 כפות קטשופ
- 1 כף רוטב ווסטרשייר
- 2 ביצים; מוכה מעט
- ½ כפית מלח
- ½ כפית חרדל יבש
- ¼ כפית מיורן מיובש
- ¼ כפית טימין מיובש
- ¼ כפית פלפל

הוראות:

a) בקערה גדולה, מערבבים את כל החומרים יחד עד לקבלת תערובת אחידה. אורזים לתבנית 9x5 )2 ליטר), מכסים בנייר כסף ואופים בחום של 350F 180C למשך 1-¼ עד 1-½ שעות (הסרת נייר כסף לאחר 30 דקות), או עד שהכיבר משחימה היטב והבשר מבושל עם טמפרטורה פנימית של 106F 70C.

b) גם כשהוא מבושל, הבשר עדיין יהיה ורוד מעט בגלל הקטשופ.

c) מסננים את השומן ונותנים לקציץ הבשר לנוח 5 דקות לפני שפורסים להגשה.

10. קציץ בשר איטלקי

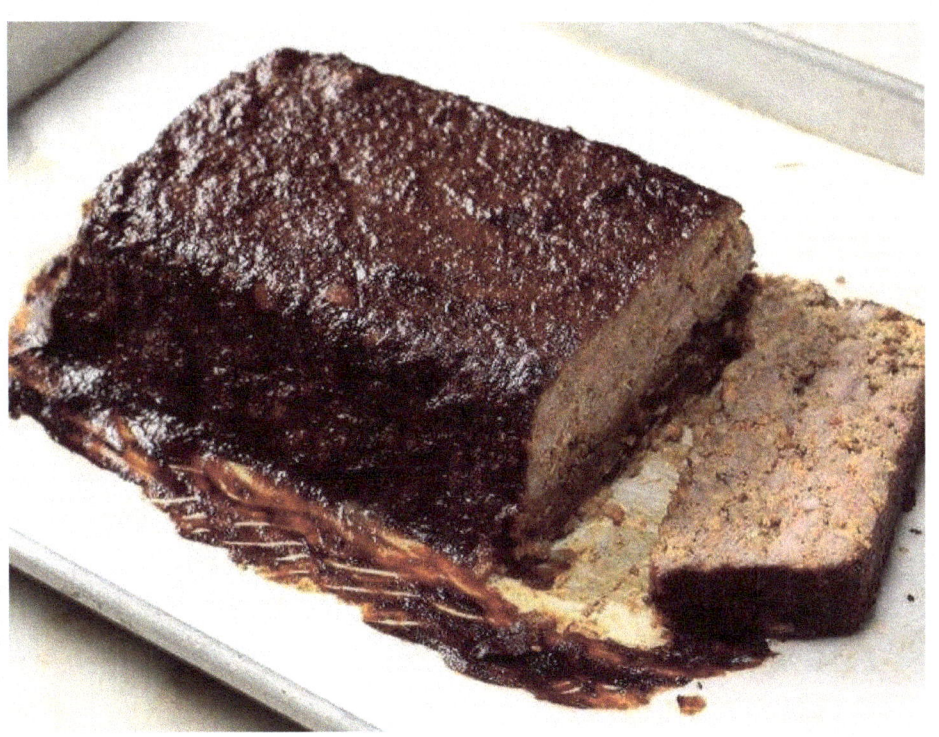

מכינה: 1 מנות

רכיבים:

- ½ קילו שימורים עגבניות מרוסקות
- ½ כוס פירורי לחם מתובלים
- ביצה 1
- ¼ כפית פתיתי פלפל צ'ילי; כָּתוּשׁ
- 1 קילו בשר בקר רזה
- ¼ פאונד בשר חזיר טחון רזה
- ¾ כוס גבינת קוטג' דלת שומן

הוראות:

a) מחממים תנור ל-350øF. מערבבים בקערה את 4 המרכיבים הראשונים ומלח לפי הטעם.
b) מוסיפים את שאר החומרים ולשים בידיים עד לקבלת תערובת אחידה.
c) מעבירים לתבנית לחם. אופים שעה אחת או עד שמדחום הבשר מצביע על 160øF כשהוא מוכנס למרכז הכיכר.
d) לזרוק עודפי שומן; פורסים ומגישים.

## 11. קציץ בשר הודו טחון

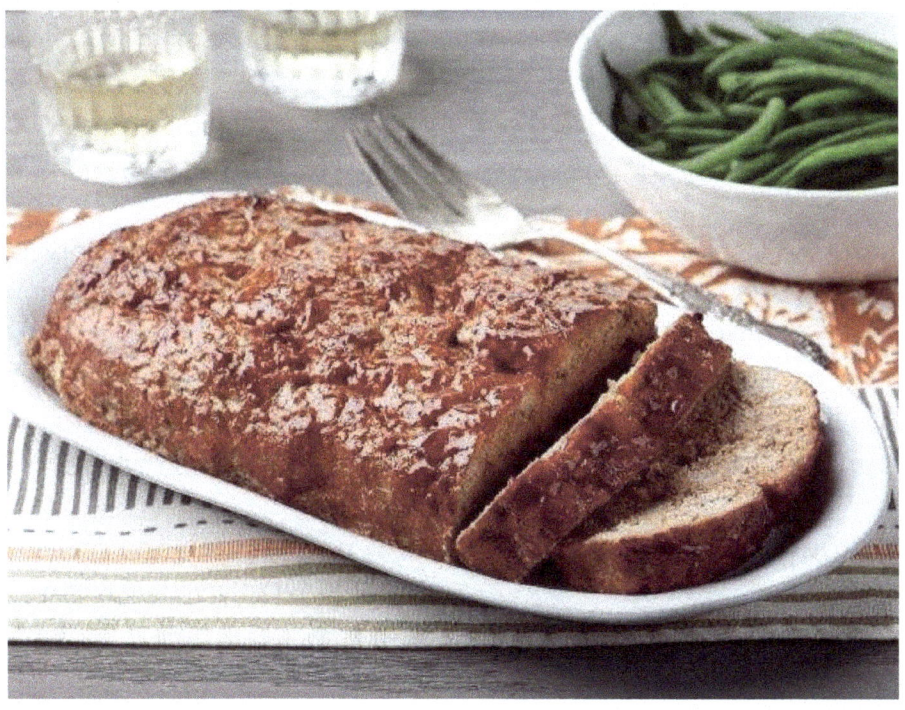

רכיבים:
- 1 קילו הודו טחון
- 6 כפות פירורי לחם
- 8 אונקיות רוטב עגבניות
- 2 כפות פתיתי בצל מיובשים
- 1 כף חרדל מוכן
- ½ כפית אבקת צ'ילי

הוראות:
a)  מחממים תנור ל-350 מעלות F.

b)  בקערה גדולה מערבבים את כל החומרים. מכניסים לתבנית ואופים במשך כשעה או עד שעשוי. אתה יכול גם להשתמש במיקרוגל, אבל תחילה לטפוח את תערובת הבשר לתבנית מסוג Bundt.

c)  השתמש בבדיקת טמפרטורה ומבשלים עד שהכיכר מגיעה ל-190 מעלות F.

d)  בערך במחצית הדרך, סובבו את הבשר והעבירו את הגשש לחלק הלא מבושל של קציץ הבשר.

## 12. כיכר בשר הודו ממולא תרד

עושה: 4

רכיבים:

- 1 כוס פטריות, קצוצות גס
- ¼ כוס בצל, קצוץ
- 1 (10 אונקיות) חבילה תרד קפוא, מופשר, מרוקן
- חצי כוס גבינת מוצרלה רזה, מגוררת
- ¼ כוס גבינת פרמזן
- 1 קילו הודו טחון
- ¾ כוס שיבולת שועל
- ½ כוס חלב רזה
- 1 חלבון ביצה, טרופה מעט
- 1 כפית תיבול איטלקי
- ½ כפית מלח
- ¼ כפית פלפל

הוראות:

a) מחממים תנור ל-375 מעלות F. מרססים קלות מחבת עם ספריי בישול ללא הידבקות.
b) מבשלים פטריות ובצל על אש בינונית-נמוכה כ-4 דקות או עד שהבצל רך.
c) מסירים מהאש; מערבבים פנימה תרד, ¼ כוס גבינת מוצרלה וגבינת פרמזן. לְהַפְרִישׁ.
d) שלבו הודו, שיבולת שועל, חלב, ביצה ותבלינים; לערבב היטב.
e) כפית ⅔ של תערובת הודו לאורך מרכז תבנית אפייה בגודל 11 x 7 אינץ' מזבוכית. יוצרים חריטה עמוקה באמצע הודו; ממלאים את השקע בתרד. משטחים עם יתרת הודו, אוטמים את הקצוות לכיסוי מלא של מילוי התרד.
f) אופים 30 עד 35 דקות או עד שהם מוכנים.
g) מפזרים את שארית גבינת המוצרלה; מחזירים לתנור 1 עד 2 דקות או עד שהגבינה נמסה.
h) מניחים לעמוד 5 דקות לפני החיתוך.

# 13. קציץ בשר עוף והודו

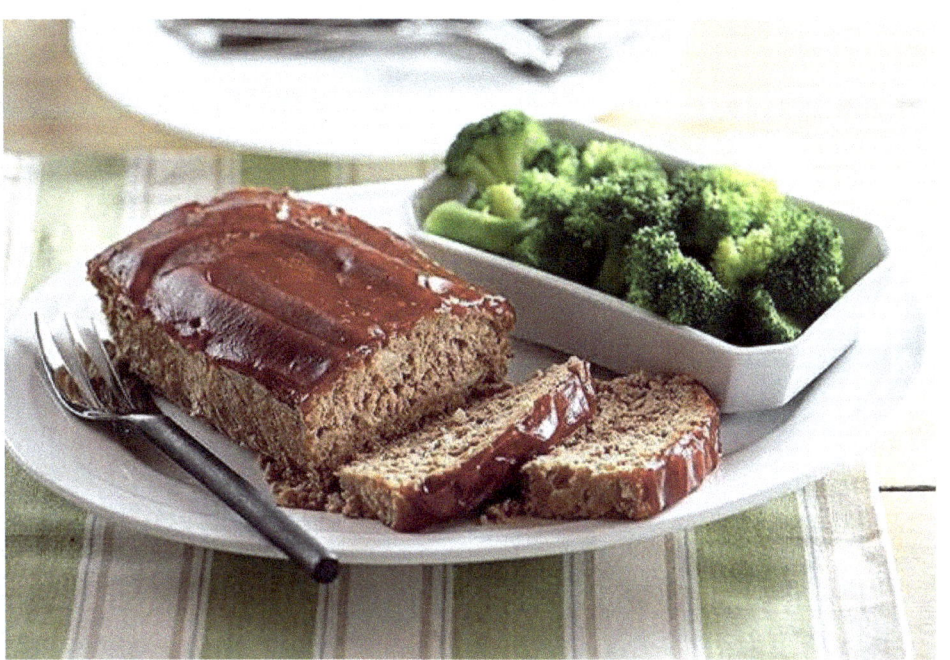

עושה: 9

רכיבים:

- 3 כפות חמאה
- 10 אונקיות הודו טחון
- 7 אונקיות עוף טחון
- 1 כפית שמיר מיובש
- ½ כפית כוסברה טחונה
- 2 כפות קמח שקדים
- 1 כף שום טחון
- 3 אונקיות תרד טרי
- 1 כפית מלח
- ביצה 1
- ½ כף פפריקה
- 1 כפית שמן שומשום

הוראות:

a) שמים את הודו הטחון והעוף הטחון בקערה גדולה.
b) מפזרים על הבשר שמיר מיובש, כוסברה טחונה, קמח שקדים, שום טחון, מלח ופפריקה.
c) לאחר מכן קוצצים את התרד הטרי ומוסיפים אותו לתערובת העופות הטחונים.
d) שוברים את הביצה לתערובת הבשר ומערבבים היטב עד לקבלת מרקם חלק.
e) משמנים את מגש סל הטיגון האוויר בשמן הזית.
f) מחממים מראש את הטיגון האוויר ל-350 F.
g) מגלגלים את תערובת הבשר הטחון בעדינות לקבלת השכבה השטוחה.
h) שמים את החמאה במרכז שכבת הבשר.
i) יוצרים את צורת קציץ הבשר מתערובת הבשר הטחון.
j) השתמש בקצות האצבעות שלך לשלב זה.
k) מניחים את קציץ הבשר במגש סלסילת הטיגון האוויר.
l) מבשלים 25 דקות.
m) באשר קציץ הבשר מוכן, הניחו לו לנוח לפני ההגשה.

## 14. טורקיה יום מיקס קציץ בשר

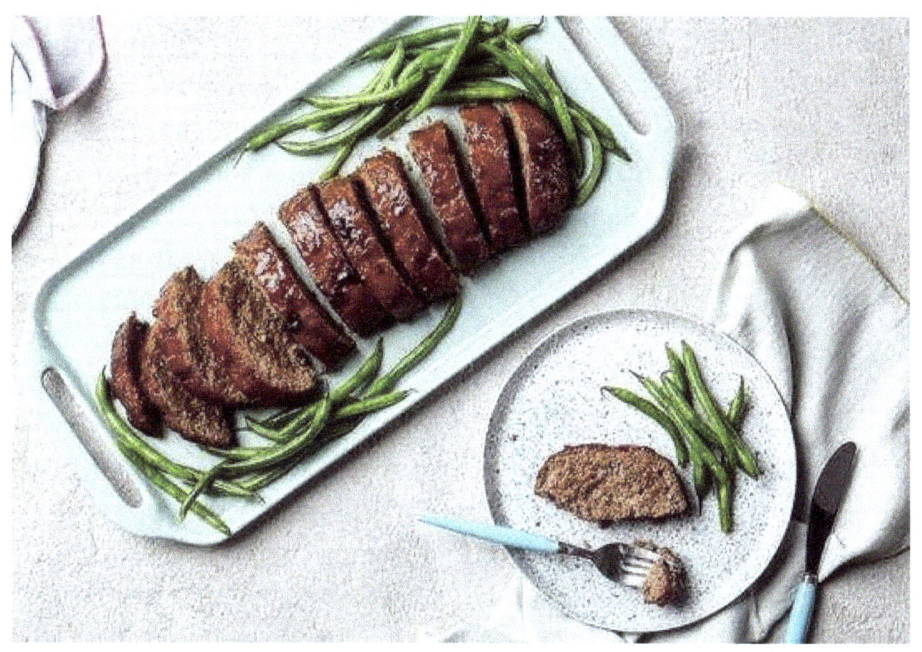

רכיבים:
- 2 ½ קילו הודו טחון
- 18 אונקיות קופסת שמנת מעובה של
- מרק פטריות
- 3 כפות בצל מיובש
- 3 כפות פטריות מיובשות, מיובשות
- במים חמים, מרוקן, קצוץ
- 1 כוס פירורי לחם מתובל איטלקי
- 2 חלבונים, טרופים
- מלח ופלפל לפי הטעם

הוראות:
a) מוסיפים את כל החומרים לקערה גדולה.
b) בעזרת כף עץ או מזלג גדול מערבבים את כל החומרים בעדינות כדי לשלב את כל החומרים בצורה אחידה. אתה לא רוצה לסחוט את הבשר.
c) מכסים בניילון נצמד, מוודאים שהעיטוף נוגע במשטח העליון של הבשר, ומכניסים למקרר ל-30 דקות.

## 15. קציץ בשר פיצה

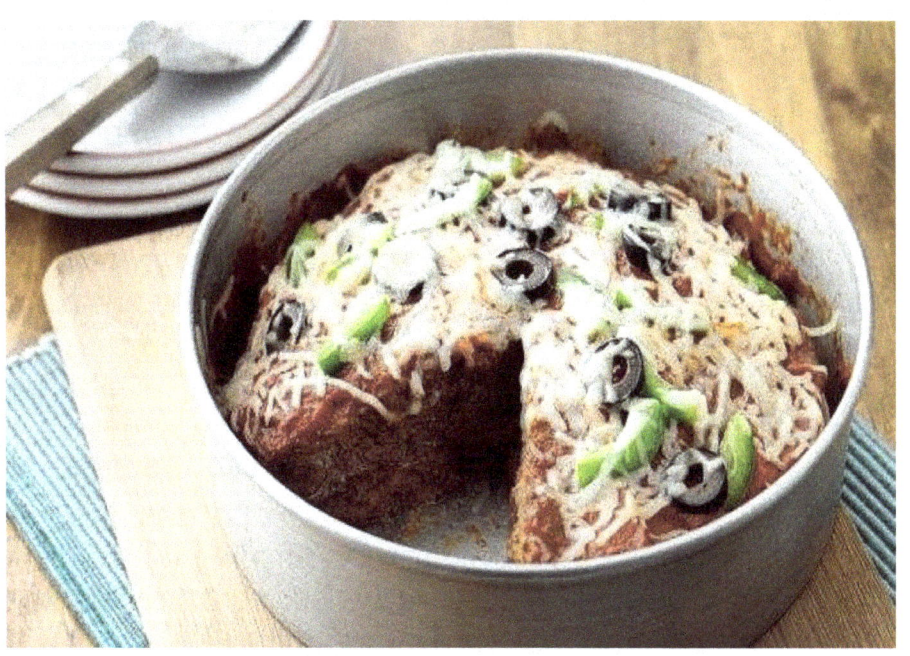

מכינה: 8 מנות

רכיבים:

- 1 פאונד נקניק טורקיה
- 1 קילו בשר טחון רזה
- 1 כפית מלח סלרי
- 1 קופסת (4 אוז) פטריות גבעולים וחתיכות; סחוט
- 1 כפית בזיליקום מיובש
- ½ כפית כל טימין מיובש; אורגנו
- 1 קופסת זיתים בשלים (4 ½ אוז); קצוץ
- 1 בצל בינוני; קצוץ דק
- ½ כפית אבקת שום
- 2 ביצים; מוכה קלות
- 1 פלפל ירוק; קצוץ
- ½ כפית פלפל לבן
- ½ צנצנת; (14 אונקיות) רוטב פיצה או ספגטי
- ½ כוס פירורי לחם בטעם איטלקי
- ½ צנצנת; (14 אונקיות) רוטב פיצה או ספגטי
- פחית אחת (2 ¼ אונקיות) זיתים בשלים; פורסים ומרוקנים

הוראות:

a) לחמם את התנור מראש ל -350 מעלות. משמנים קלות חתיכה גדולה של נייר כסף ומרפדים בה תבנית אפייה מתכת בגודל 9X13 אינץ'.
b) בקערה גדולה מערבבים את מרכיבי קציצת הבשר ומערבבים היטב. יוצרים מתערובת קציצות הבשר כיכר בגודל 9x5 אינץ'.
c) מעל קציץ הבשר את חצי הצנצנת הנותרת של רוטב פיצה או ספגטי והזיתים הפרוסים. אופים במשך שעה וחצי, או עד שמוכן.
d) הניחו לקציץ הבשר לשבת 15 דקות לפני החיתוך וההגשה.

## 16. <u>מרינרה של קציצות הודו</u>

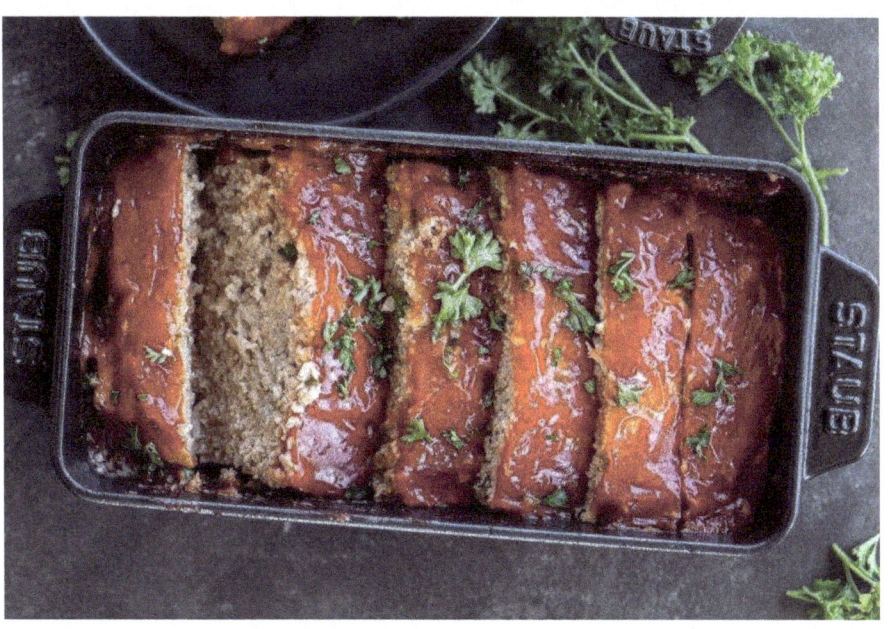

מכינה: 6 מנות

רכיבים:

- 1 כפית שמן זית
- 1 בצל בינוני; פרוס או קצוץ
- 1 פלפל אדום; קצוץ
- ¼ פאונד פטריות טריות; ניקה, ואז חתך
- ¼ כוס בזיליקום טרי; קצוץ
- 1 פאונד טורקיה טחונה
- 1 שן שום; טָחוּן
- ⅓ כוס פירורי לחם בסגנון איטלקי
- ⅓ כוס חלב רזה
- ½ כפית מלח
- ½ כוס רוטב אדום; (ממליץ על מרינרה דל קלוריות)
- ¼ כוס גבינת צ'דר; מְגוּרָד

הוראות:

a) מחממים תנור ל-F-350 מעלות ומשמנים קלות תבנית עם תרסיס בישול נון-סטיק.

b) במחבת גדולה מחממים את השמן על אש בינונית. מוסיפים בצל, פלפל, פטריות ובזיליקום. מבשלים, תוך ערבוב תכוף כדי לזרוק את התערובת עד לריכוך, כ-10 דקות.

c) בינתיים מערבבים בקערת ערבוב גדולה הודו, שום, פירורי לחם, חלב ומלח. מערבבים היטב עם כף עץ או עם ידיים טריות.

d) מעבירים את התערובת המוקפצת לקערה עם ההודו, ומצננים. מוסיפים את הרוטב האדום וגבינת הצ'דר ושוב מערבבים עם הידיים לאיחוד.

e) מניחים את התערובת לתוך תבנית הלחם המוכנה ומחליקים את השוליים לפיזור אחיד של תערובת ההודו. אופים במשך 50 עד 60 דקות עד שהם מוכנים. מוציאים את קציץ הבשר מהתנור ומצננים לפחות 5 דקות לפני שפורסים להגשה.

## 17. קציץ בשר סלסה הודו

מכינה: 1 מנות

רכיבים:

- 1 כף חמאה
- 2 כפות שמן זית
- 1 גזר קטן קלוף וקצוץ דק
- 1 בצל קטן; קצוץ דק
- 1 קילו הודו בשר לבן טחון רזה במיוחד
- 1 כפית מלח ופלפל
- ביצה 1
- 1 כף פטרוזיליה שטוחה טרייה
- 1 גבעול סלרי; קצוץ דק
- 2 כוסות שיבולת שועל מגולגלת
- ½ כוס סלסה ביתית
- 3 קופסאות שימורים עגבניות חתוכות לקוביות; (28 oz)
- 1 בצל גדול; חתוך לקוביות
- 2 שיני שום
- 2 כפיות מלח
- 1½ כפית אורגנו
- 1½ כפיות כמון
- ½ כפית כוסברה טרייה
- 2 פלפלים ירוקים
- 2 פלפלים אדומים
- 1 כוס חומץ
- 2 כפות סוכר
- 1 כפית פלפל קאיין
- ½ כוס פרוסות פלפל ג'לפנות ירוק
- ½ כוס פרוסות פלפל ג'לפנו אדום

הוראות:

a) מחממים חמאה ושמן זית במחבת. מוסיפים גזר קצוץ, בצל וסלרי ומאדים עד להזהבה. בקערה גדולה מערבבים הודו, סלסה ופטרוזיליה.

b) מוסיפים את הירקות והסלסה המוקפצים ומערבבים היטב. מוסיפים בהדרגה את שיבולת השועל המגולגלת עד למרקם הרצוי.

c) אופים בתנור בחום של 375 מעלות למשך 30 דקות ואז מוסיפים עוד סלסה מעל וממשיכים לאפות עוד 15-20 דקות.

**סלסה תוצרת בית:**

d) טוחנים גס פלפלים, בצל ושום במעבד מזון.

e) בסיר מרק גדול מערבבים עגבניות וירקות חתוכים לקוביות, שום ותבלינים ומבשלים ללא מכסה למשך שעה.

f) מצננים במקרר למשך הלילה.

## 18. קציץ בשר הודו עם שקד שעועית מעורבת

מכינה: 1 מנות

רכיבים:

- ¼ כוס סוכר חום
- ½ כוס רוטב חמוציות פירה
- 2 קילו הודו טחון
- ¾ כוס חלב
- ¾ כוס פירורי לחם
- 3 ביצים; מוכה קלות
- 1½ כפית מלח
- ⅛ כפית פלפל
- ¼ כוס בצל אדום חתוך לקוביות
- ½ כוס מרק עוף
- ½ קילו שעועית ירוקה
- ½ פאונד שעועית שעווה צהובה
- ¼ כוס שמן אגוזים
- מלח ופלפל לפי הטעם
- 1 כוס שקדים קלויים קצוצים
- 2 תפוחי אדמה באיידהו; קלופים ופרוסים בעובי של ⅛ אינץ'
- 2 בטטה; קלופים ופרוסים בעובי של ⅛ אינץ'
- 1 כוס חלב
- 1 כוס שמנת כבדה
- 1 כף מלח
- 1 כף מחית שום צלויה
- ¼ כפית פלפל לבן
- 1 קורט אגוז מוסקט
- 1 כף רוזמרין קצוץ

הוראות:

a) לחמם את התנור מראש ל -350 מעלות.
b) לזיגוג מורחים את הסוכר החום על תחתית תבנית משומנת ומורחים את רוטב החמוציות על הסוכר.
c) בקערה גדולה מערבבים את כל שאר החומרים עד שהם נטמעים היטב.
d) יוצרים את תערובת הבשר לתבנית הכיברות, מניחים מעל זיגוג החמוציות.

e) אופים בתנור בחום של 350 מעלות למשך שעה, (הקפידו להרכיב ולבשל את גראטן תפוחי האדמה יחד עם קציץ הבשר, מכיוון שיש להם אותם זמני בישול). הופכים את הכיכר ומניחים בצד.

**שקד שעועית מעורבת:**

f) הבלו את השעועית במים רותחים ומומלחים למשך דקה אחת ואז שוקעים באמבט מי קרח.

g) כשמוכנים לארוחת ערב, זורקים את השעועית עם שמן אגוזים, מלח ופלפל ושקדים קצוצים ומניחים על תבנית עם נייר אפייה ומכניסים לתנור עם קציץ הבשר במשך 10 הדקות האחרונות לפני יציאת קציץ הבשר.

**גרטן תפוחי אדמה:**

h) מחממים תנור ל-400 מעלות.

i) מתבלים תפוחי אדמה במלח ופלפל ומשכבים בתבנית אפייה בעומק 2 אינץ' עם חמאה. מביאים את שאר המרכיבים לרתיחה ויוצקים על תפוחי האדמה בעודם חמים, עד שתפוחי האדמה כמעט מכוסים.

j) אופים ב-400 מעלות עד לריכוך, כשעה.

k) כדי להרכיב את המנה, פורסים את קציץ הבשר לפרוסות בעובי של 1½ סנטימטר, ומצלחים עם ריבוע יפה של גראטן תפוחי האדמה, ולצדו השעועית.

l) מגישים הכל חם.

## 19. עכברי קציצות בשר ליל כל הקדושים

מכינה: 4 מנות

רכיבים:

- ½ כוס Catsup
- 2 חלבוני ביצה; מוּקֶה
- 6 אונקיות הודו טחון
- 6 אונקיות בשר בקר טחון
- גזרים
- אטריות ספגטי; לא מבושל
- 1 בצל; קצוץ דק
- ⅔ כוס שיבולת שועל; לא מבושל
- מלח ופלפל לפי הטעם
- צימוקים
- רוטב ספגטי, משומר

הוראות:

a) ראשית חתכו 2 מטבעות לכל עכבר מהגזר לאוזניים. לאחר מכן יוצרים מהגזר שנותר רצועות דקות ארוכות עבור הזנבות, אחת לכל עכבר. מאדים עד שהם רכים. אל תבשל יתר על המידה!! מחממים תנור ל-350F.

b) מערבבים יחד את החומרים לגופי העכברים ומעצבים 4 כיכרות קטנות בצורת עכברים על נייר אפייה.

c) עצבו אותם לנקודה מלפנים ומעוגלים מאחור.

d) אופים 45 דקות בתנור שחומם מראש או עד לעשייה הרצויה. קח וחתך חריצים קטנים לאוזניים בערך ⅓ מהקצה המחודד.

e) מניחים את מטבעות הגזר בחריצים לאוזניים. יוצרים חריץ קטנטן בקצה הרחב המעוגל לזנב ומניחים את אחת מרצועות הגזר בחריץ לזנב. השתמשו בצימוקים לעיניים. שוברים את אטריות הספגטי הלא מבושלות לחתיכות ומניחים מסביב ל"אף" (קצה מחודד) לשפמים.

f) מחממים את רוטב הספגטי.

g) מניחים כף גדולה של רוטב על הצלחת. מניחים עכבר קציץ בשר על גבי רוטב הספגטי להגשה.

## 20. קציץ בקר גבינתי

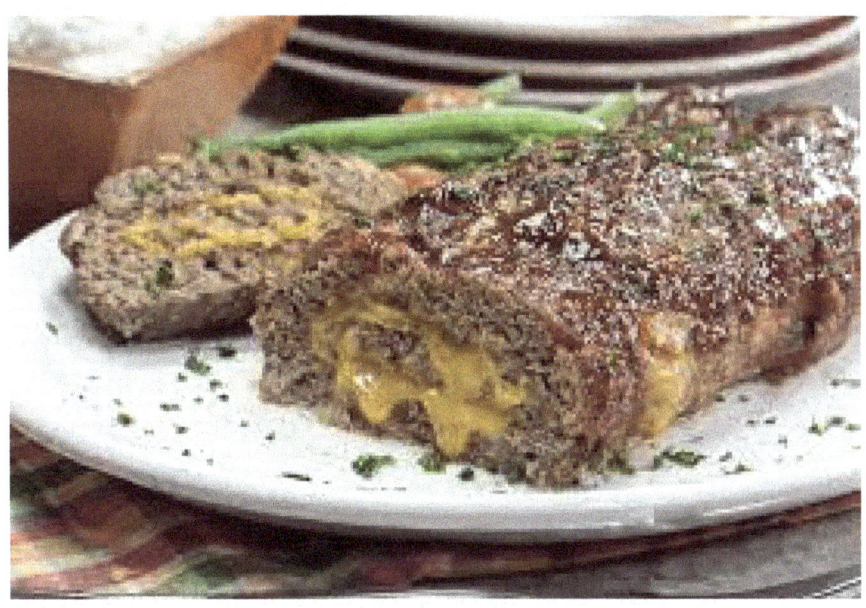

מכינה: 18 מיני כיכרות בשר

רכיבים:

- 2 קילו בשר בקר רזה
- 3 ביצים
- ½ כוס בצל חתוך דק
- ½ כוס סלרי חתוך דק
- ½ כוס שיבולת שועל חתוכה בפלדה
- 1 (6 אונקיות) פחית רסק עגבניות
- 5 מקלות גבינת מוצרלה רזה חלקית, חתוכים לרביעיות
- 1 כף פטרוזיליה מיובשת
- 2 כפיות מלח
- 1 כפית פלפל שחור גרוס

הוראות:

a) מחממים תנור ל-400 מעלות F.
b) בקערה גדולה משלבים בשר בקר טחון, ביצים, שיבולת שועל, בצל, סלרי, פטרוזיליה, מלח ופלפל.
c) מערבבים היטב בידיים נקיות. יוצרים קציצות בגודל דקל ומניחים נתח מוצרלה באמצע.
d) יוצרים קציצה מסביב לגבינה תוך הקפדה על כיסוי מלא.
e) מניחים מיני קציץ בשר בתבנית מאפינס וחוזרים על הפעולה עד שהתבנית מתמלאת. מורחים כף קטנה של רסק עגבניות על כל מיני קציץ בשר.
f) אופים במשך 25 עד 30 דקות עד שהם מוכנים.

## 21. מיני קציץ בשר בצל צ'דר

עושה: 6

רכיבים:
- 1 קילו בשר בקר טחון
- 1 קילו נקניק איטלקי טחון
- 1 כוס גבינת צ'דר חדה מגוררת
- 1 חבילה תערובת מרק בצל
- 1 בצל צהוב שלם קטן, קצוץ
- 2 ביצים טרופות קלות
- ½ כוס מים
- ⅓ כוס קטשופ
- ¾ כוס פירורי לחם בני יום (השתמשתי גם בחמצת וגם בחיטה עם תוצאות טובות)

הוראות:
a) לחמם את התנור מראש ל -350 מעלות.
b) מוסיפים את כל החומרים לקערה גדולה. בעזרת האצבעות, מערבבים הכל יחד עד לאיחוד יסודי.
c) מעצבים את התערובת ל-6 עד 8 כיכרות עגולים בצורת כיפה ומניחים על תבנית אפייה עם שוליים.
d) אופים כשעה או עד שהחלק החיצוני משחים ולא נשאר ורוד מבפנים.

## 22. מיני קציץ בשר ממולא מוצרלה

רכיבים:

- 1 קילו בשר בקר טחון
- ביצה 1
- ½ כוס חלב
- ½ כוס פירורי לחם או פירורי קרקר (אני השתמשתי בפנקו)
- ¼ כוס רוטב ווסטרשייר
- ⅓ כוס חבישה לחווה
- 1 בצל, חתוך לקוביות
- 1 קילו גבינת מוצרלה, חתוכה לקוביות
- מלח ופלפל לפי הטעם

הוראות:

a) מחממים תנור ל-350 מעלות F.

b) מערבבים את כל החומרים מלבד המוצרלה בקערה גדולה.

c) לאחר הערבוב יוצרים כדור תערובת בשר ודחוסים לתוכו קוביית מוצרלה. מכסים בבמות שווה של תערובת בשר.

d) חוזרים על הפעולה עד שכל הבשר נגמר (רוצים שהכדורים יכנסו לתבנית מאפינס).

e) מניחים מיני כיכרות בשר בתבניות מאפינס משומנות. אופים במשך 25 עד 35 דקות או עד שהם אפויים.

## 23. קציץ בשר גבינת תפוחי אדמה ברביקיו

עושה: 8

רכיבים:
- 2 פאונד בשר בקר טחון
- 4 פרוסות לחם; מְפוּרָר
- 2 כוסות שעועית אפויה
- 2 ביצים (או תחליף ביצה)
- 1 כוס רוטב ברביקיו
- ¼ כוס חרדל
- ¼ כוס קטשופ
- 2 כוסות פירה
- 1 כוס גבינה

הוראות:

a) מחממים תנור ל-350 מעלות F.

b) מועבים את השעועית האפויה.

c) מערבבים בשר בקר טחון, שעועית, ביצים, רוטב ברביקיו, חרדל וקטשופ. הוסף עוד נוזלים או לחם לפי הצורך כדי להגיע לסמיכות הרצויה.

d) מהדקים את התערובת לתחתית ומסביב לדפנות של שתי תבניות לחם בגודל 9x5 אינץ', ומשאירים שוקת גדולה במרכז. שמור ב-½ כוסות תערובת לכיסוי העליון.

e) ממלאים שקתות של כל קציץ בשר בפירה.

f) חותכים גבינה לקוביות, או מגררים, ומניחים זאת על תפוחי האדמה.

g) מכסים תפוחי אדמה וגבינה בתערובת בשר שמורה.

h) אופים במשך שעה.

## 24. כיכר בורגר צ'דר

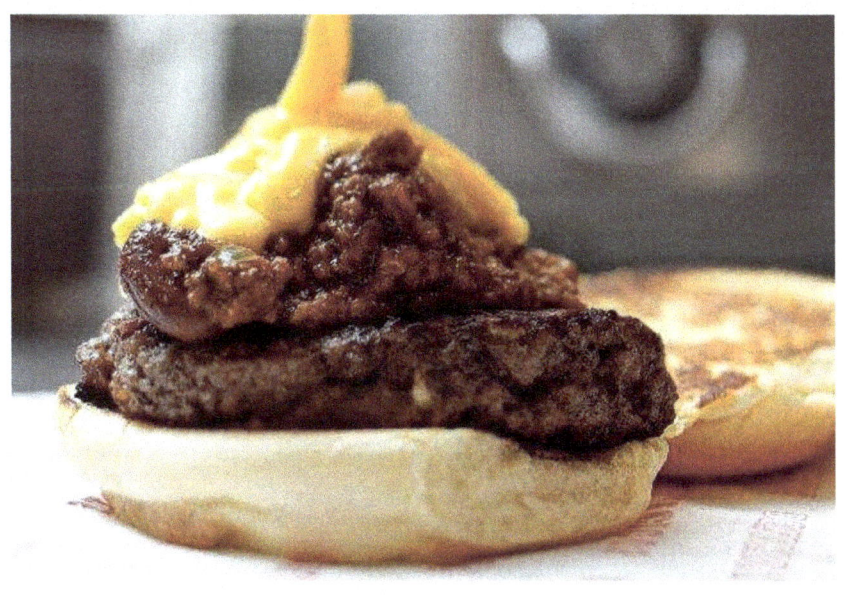

עושה: 8

רכיבים:

- 1 ½ פאונד בשר בקר טחון
- 1 ½ כוסות גבינת צ'דר
- 1 כוס פירורי לחם
- ביצה 1
- ½ כוס בצל, טחון
- ¼ כוס רוטב היינץ 57
- ¼ כוס חלב
- ½ כפית מלח
- ¼ כפית פלפל

הוראות:

a) מחממים תנור ל-350 מעלות F.
b) מערבבים את כל החומרים.
c) יוצרים כיכר.
d) אופים במשך שעה אחת.

**25. קציץ בשר גבינת צ'ילי**

עושה: 4

רכיבים:
● 1 (8 אונקיות) קופסת רוטב עגבניות
● ½ כוס קטשופ
● 1 קילו בשר בקר רזה
● 2 ביצים
● 1 כוס פירורי לחם טריים
● 1 (7 אונקיות) פחית צ'ילי ירוק שלם
● 1 (חבילה של 8 אונקיות) גבינת ג'ק (חצי חתוכה לרצועות; חצי מגוררת)

הוראות:
a) מחממים תנור ל-350 מעלות F.
b) בקערה קטנה מערבבים יחד רוטב עגבניות וקטשופ.
c) בקערה גדולה משלבים בשר בקר טחון, ביצים, פירורי לחם וחצי כוס תערובת עגבניות.
d) ממלאים ארבעה צ'ילי ירוקים שלמים במחצית מרצועות הגבינה. מגררים את שאר הגבינה וחותכים את שאר הצ'ילי לרצועות.
e) בתבנית משומנת היטב בגודל 5 3 x 10 x אינץ', יוצקים מחצית מתערובת העגבניות כדי לכסות את תחתית התבנית. מורחים על זה מחצית מתערובת הבשר באופן שווה. הניחו את ארבעת הצ'ילי הממולאים בזוגות על גבי שכבת הבשר הראשונה.
f) מכסים בשארית הבשר. יוצקים את יתרת תערובת רוטב העגבניות מעל ומקשטים בגבינה וצ'ילי ירוק.
g) אופים במשך שעה. מוציאים מהתנור בסיום ומניחים ל-5 עד 10 דקות לפני ההגשה.

## 26. קציצת בשר צ'ילי ותפוחי אדמה

עושה: 6

רכיבים:
● 1 ½ פאונד בשר בקר רזה
● ¾ כוס בצל, קצוץ דק
● ⅓ כוס פירורי קרקר מלוח
● 1 ביצה, טרופה מעט
● 3 כפות חלב
● 1 כף אבקת צ'ילי
● ¾ כפית מלח
● 3 כוסות פירה מוכן
● 11 אונקיות קופסאות גרעיני תירס עם פלפלים אדומים וירוקים, סחוט
● ¼ כוס בצל ירוק פרוס דק
● ½ עד 1 כוס גבינה מתובלת טאקו מגוררת

הוראות:
a) מחממים תנור ל-375 מעלות F.
b) בקערה גדולה מערבבים בשר בקר טחון, בצל, קרקרים מלוחים, ביצה, חלב, אבקת צ'ילי ומלח. מערבבים קלות אך ביסודיות.
c) לחץ בעדינות לתחתית תבנית אפייה מרובעת בגודל 9 אינץ'. אופים 20 עד 25 דקות או עד שכבר לא ורוד והמיצים מתבהרים. שופכים בזהירות טפטופים.
d) חמש דקות לפני סיום הבישול של התבשיל, מערבבים פירה, תירס ובצל ירוק בקערה בינונית.
e) מורחים על קציץ בשר לשולי התבנית; מפזרים גבינה.
f) צלו 3 עד 4 אינץ' מהחום 3 עד 5 דקות או עד שהחלק העליון משחים קלות; לחתוך ל-6 מנות מלבניות.

## 27. קציץ בשר מקרוני וגבינה

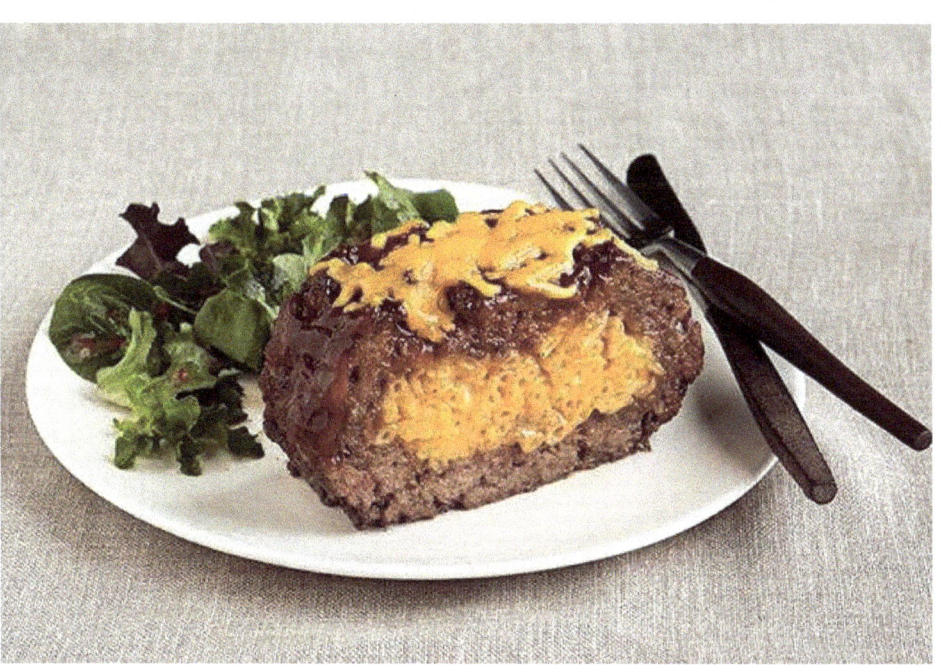

עושה: 6

רכיבים:

- 4 אונקיות מקרוני מבושל
- 1 פאונד המבורגר
- ½ כוס פירורי לחם רכים
- ½ כוס חלב
- 2 ביצים טרופות מעט
- ½ כוס בצל קצוץ
- 2 כפות פלפל ירוק קצוץ
- ⅓ כוס גבינת צ'דר מגוררת
- 1 כפית מלח
- ½ כפית פלפל

הוראות:

a) מבשלים את המקרונים לפי ההוראות שעל האריזה.
b) מחממים תנור ל-350 מעלות F.
c) מערבבים יחד מקרוני, המבורגר, פירורי לחם, חלב, ביצים, בצל, פלפל ירוק, גבינה, מלח ופלפל. מעצבים לכיכר.
d) אופים במשך שעה.

## 28. קציץ בשר מוצרלה

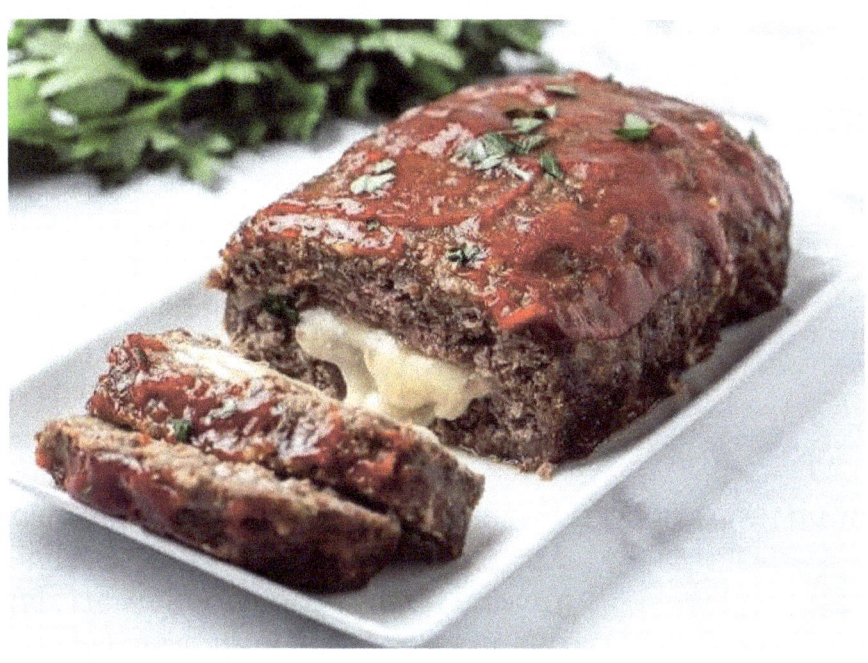

עושה: 6

רכיבים:

- 2 פאונד בשר בקר טחון
- 1 כפית אורגנו
- 1 פלפל אדום, חתוך לקוביות ומוקפץ
- 1 כפית פפריקה
- ½ כוס קמח גרעיני חמניות
- ½ כוס סלסה
- 2 ביצים טרופות קלות
- 1 כפית כמון
- ½ כפיות מלח

הוראות:

a) מוסיפים את כל החומרים לקערת המיקסר ומערבבים עד לקבלת תערובת אחידה.
b) מעבירים את תערובת הבשר לתבנית המשומנת.
c) בחר מצב אפייה ולאחר מכן הגדר את הטמפרטורה ל-375 מעלות צלזיוס והזמן למשך 50 דקות. לחץ התחל.
d) לאחר שתנור האייר פרייר מחומם מראש, הכניסו את תבנית הכיכר לתנור.
e) מגישים ונהנים.

## 29. קציץ בשר הודו גבינתי

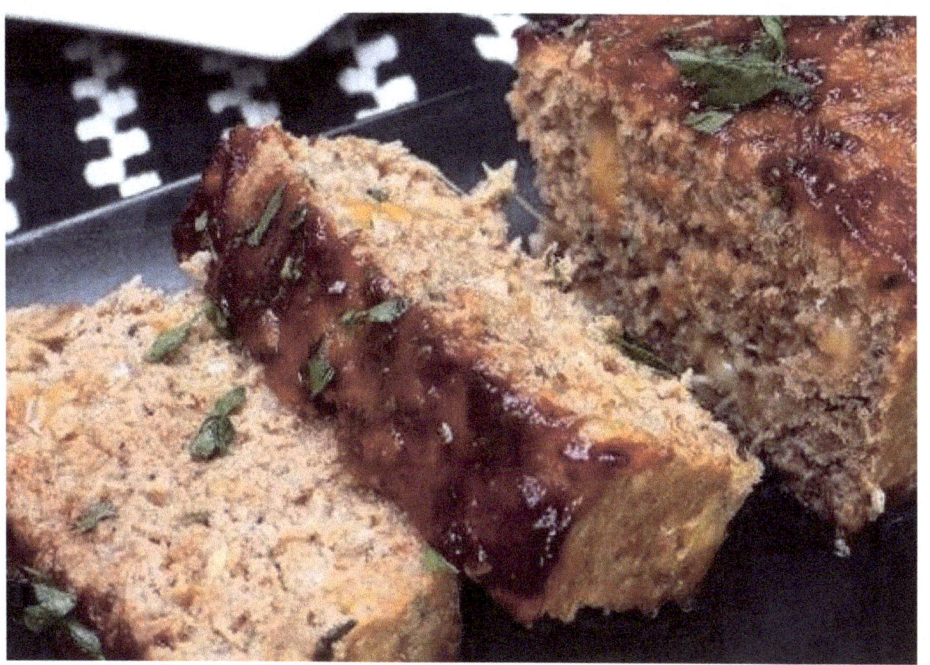

עושה: 8

רכיבים:
● 2 ביצים
● 1 קילו גבינת מוצרלה חתוכה לקוביות
● 2 קילו הודו טחון
● 2 כפיות תיבול איטלקי
● ¼ כוס פסטו בזיליקום
● ½ כוס גבינת פרמזן, מגוררת
● ½ כוס רוטב מרינרה, ללא סוכר
● 1 כוס גבינת קוטג '
● 1 כפית מלח

הוראות:

a)  הנח את המתלה במצב התחתון וסגור את הדלת. בחר מצב אפייה הגדר
את הטמפרטורה ל-390 מעלות צלזיוס והגדר את הטיימר ל-40 דקות. לחץ
על חוגת ההגדרה כדי לחמם מראש.

b)  משמנים תבשיל קדרה עם חמאה ומניחים בצד.

c)  מוסיפים את כל החומרים לקערה הגדולה ומערבבים עד לקבלת תערובת
אחידה.

d)  מעבירים את התערובת לתבנית התבשיל.

e)  לאחר שהיחידה מחוממת מראש, פתח את הדלת והנח את כלי התבשיל
על המתלה, וסגור את הדלת.

f)  מגישים ונהנים.

## 30. קציץ בשר קודילות

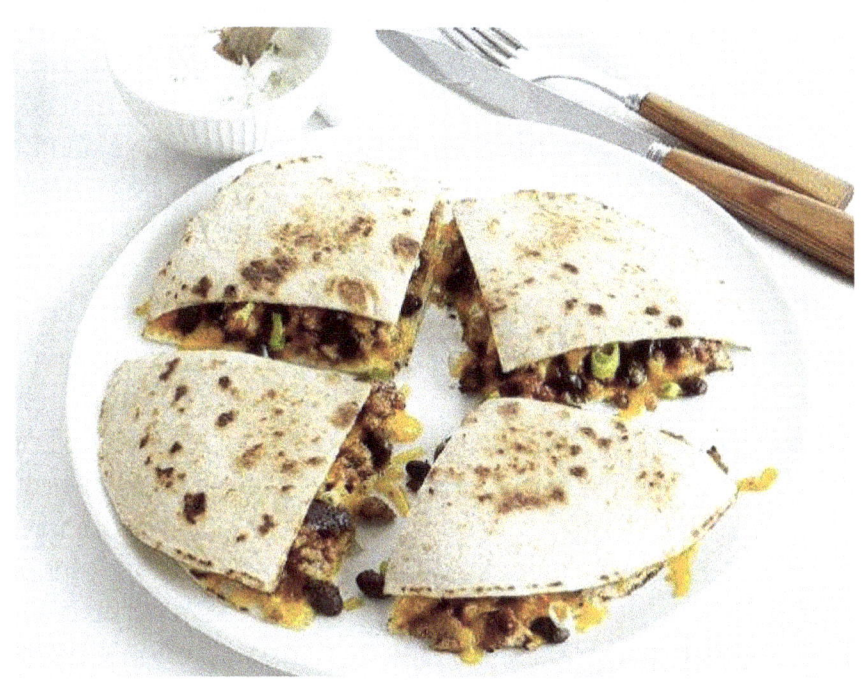

עושה: 1

רכיבים:
- ½ כוס גבינה מקסיקנית, מגוררת, מחולקת
- 2 טורטיות (6 אינץ' כל אחת), מחוממות
- 2/3 כוס שאריות קציץ בשר, קצוצות, מחולקות
- 2 כפות סלסה מחולקת
- שמן, לפי הצורך, לטיגון

הוראות:
a) על אש מתונה במחבת נון-סטיק בגודל בינוני; לחמם את השמן עד שהוא חם.
b) מכינים את הטורטיות על משטח נקי וישר. מורחים באופן שווה ב-1 כף סלסה על מחצית מהטורטייה ומניחים ½ מקציצת הבשר על גבי הסלסה ולאחר מכן, מעליו ½ מהגבינה.
c) מקפלים את החצי השני של הטורטייה על גבי הגבינה.
d) חוזרים על הפעולה עם שאריות הטורטייה והמרכיבים.
e) מניחים את שניהם במחבת שחוממת מראש ומבשלים במשך 8 עד 10 דקות, עד ששני הצדדים משחימים קלות
f) חותכים כל אחד לאורכו לחצי; להגיש מיד ולהנות.

## 31. קציץ בשר בשכבות

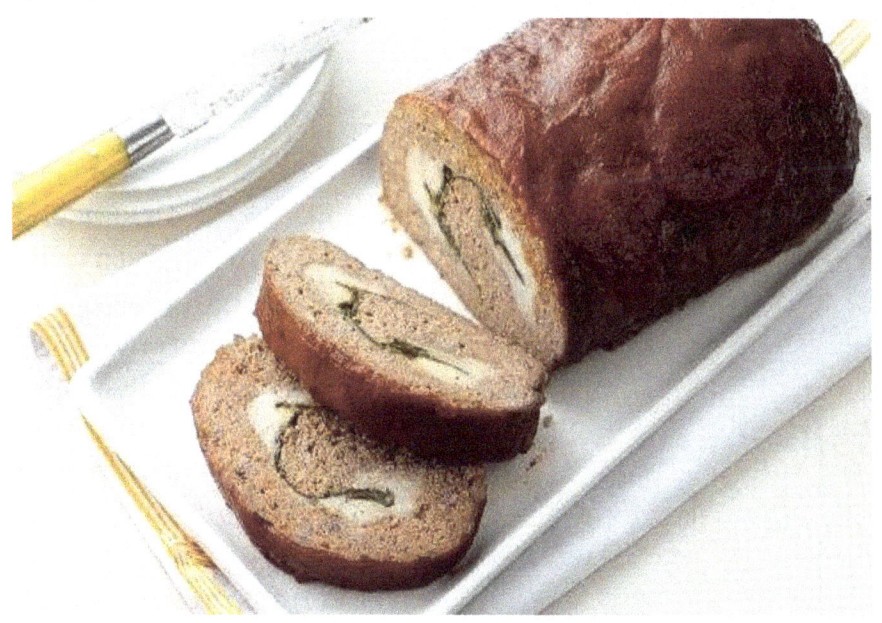

מכינה: 8 מנות

רכיבים:

- 13½ גרם חלב דל שומן
- ¾ כוס בצל קצוץ דק
- 1 כוס פירורי לחם יבשים
- 1 כפית מלח
- ¼ כפית פלפל
- 2 קילו בשר בקר רזה
- 10 אונקיות אטריות ביצים בינוניות (בערך 6 כוסות)
- 2 ליטר מים רותחים
- 1 כף שמן בישול (לא חובה)
- 2 כפיות מלח
- 2 ביצים גדולות טרופים במזלג
- ⅓ כוס גבינת פרמזן מגוררת
- 25 אונקיות משומר רוטב ספגטי שמנמן ללא בשר
- 1 כוס גבינת צ'דר בינונית מגורדת

הוראות:

a) מערבבים את 5 המרכיבים הראשונים בקערה בינונית.

b) מוסיפים בשר בקר טחון. מערבבים היטב. ארוז בתבנית משומנת בגודל 9x13 אינץ'. אופים בתנור 350øF במשך 30 עד 35 דקות. לנקז.

c) מבשלים אטריות במים רותחים, שמן בישול וכמות שנייה של מלח בסיר גדול לא מכוסה או בתנור הולנדי במשך 5 עד 7 דקות עד לריכוך אך יציב.

d) לנקז.

e) מערבבים ביצים וגבינת פרמזן בקערה קטנה. לְרַגֵשׁ. להוסיף לאטריות. מערבבים היטב. יוצקים על בשר בקר. מורחים ליצירת שכבה אחידה.

f) מטפטפים מעל רוטב ספגטי. מפזרים גבינת צ'דר. מחזירים לתנור ל-15 דקות.

# 32. לחם וקציץ בקר

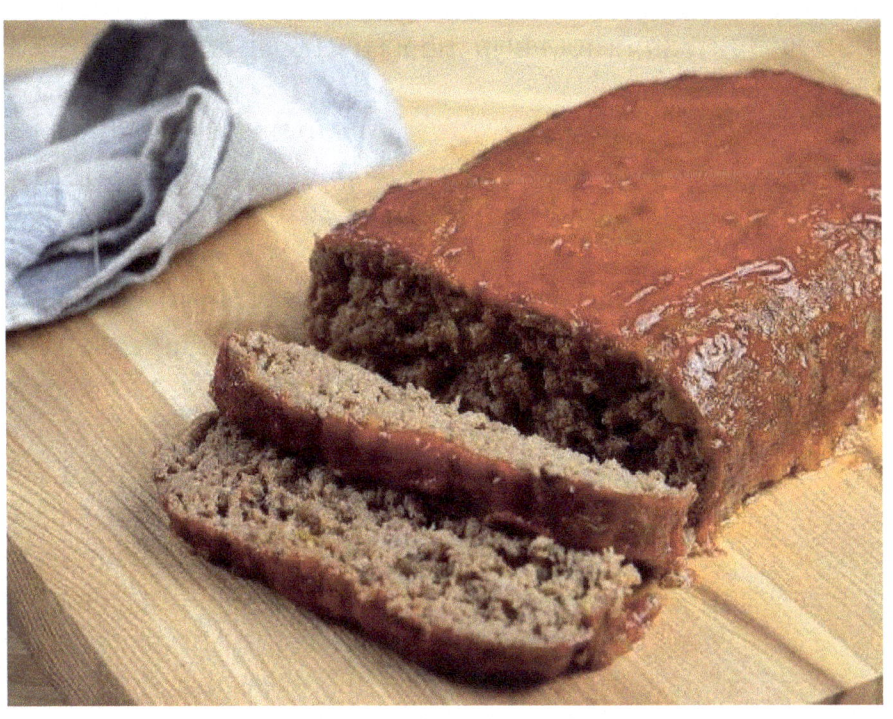

עושה: 10

רכיבים:
- 2 כוסות לחם לבן ארוז בצורה רופפת, קרום הוסר וחתוך לחתיכות קטנות
- 1 כוס חלב
- 2 כפות שמן זית כתית מעולה
- ½ כוס גזר, מגורר דק
- ½ כוס בצל קצוץ דק
- ½ כוס סלרי קצוץ דק
- 2 שיני שום, טחונות דק
- 2 פאונד בשר בקר טרי טחון (20/80 תערובת)
- חצי קילו נקניק איטלקי טרי הוסר מהמארז
- ½ כוס תענוג פלפל מתוק וחריף
- 2 ביצים, טרופים
- 2 כפיות מלח
- ½ כפית פלפל שחור
- 1 כפית רוטב ווסטרשייר
- כמה קורות רוטב חריף
- 1 כף רוטב ווסטרשייר
- ½ כוס קטשופ
- 1 כפית חרדל דיז'ון
- ½ כפית כמון מיובש
- 1 כף דבש

הוראות:
a) מחממים תנור ל-350 מעלות F.
b) בקערה קטנה מערבבים לחם לבן חתוך וחלב. נותנים להשרות תוך כדי הכנת השלבים הבאים במתכון.
c) מחממים שמן זית במחבת קטנה על אש בינונית ומאדים גזר, בצל וסלרי במשך 4 עד 5 דקות עד לריכוך. מוסיפים שום ומאדים עוד דקה אחת. מצננים לטמפרטורת החדר.
d) בקערה גדולה מניחים בשר בקר טחון, נקניק, תבלין פלפל, ביצים טרופה, מלח, פלפל, רוטב ווסטרשייר, רוטב חריף וירקות מבושלים. לא לערבב עדיין.
e) בעזרת הידיים או כף העץ ממשיכים לסחוט את הלחם והחלב עד שאין גושים. מוסיפים לחם וחלב לתערובת הבקר.

(f) כעת, ערבבו בעדינות את כל המרכיבים עד לתערובת אחידה. (אל תערבב יתר על המידה, אחרת קציץ הבשר המוגמר יהיה קשה.)

(g) לוקחים כמות קטנה ומקפיצים אותה במחבת קטנה וטועמים.

(h) מתקנים תיבול בתערובת אם צריך.

(i) מניחים את התערובת על תבנית מרופדת בנייר קלף ויוצרים כיכר נמוכה ושטוחה. המשיכו לטבול את הידיים במים ולשפשף את החלק העליון והדפנות של הכיכר - שלב זה עוזר לחסל סדקים בחלק העליון של הכיכר בזמן האפייה.

(j) להכנת הציפוי שלבו רוטב ווסטרשייר, קטשופ, חרדל, כמון ודבש. מורחים על החלק העליון והדפנות של קציץ הבשר.

(k) אופים כ-40 דקות או עד שמדחום פנימי מצביע על 160 מעלות.

(l) נותנים לנוח לפחות 10 עד 15 דקות לפני שפורסים ומגישים.

## 33. ברביקיו קציץ בשר

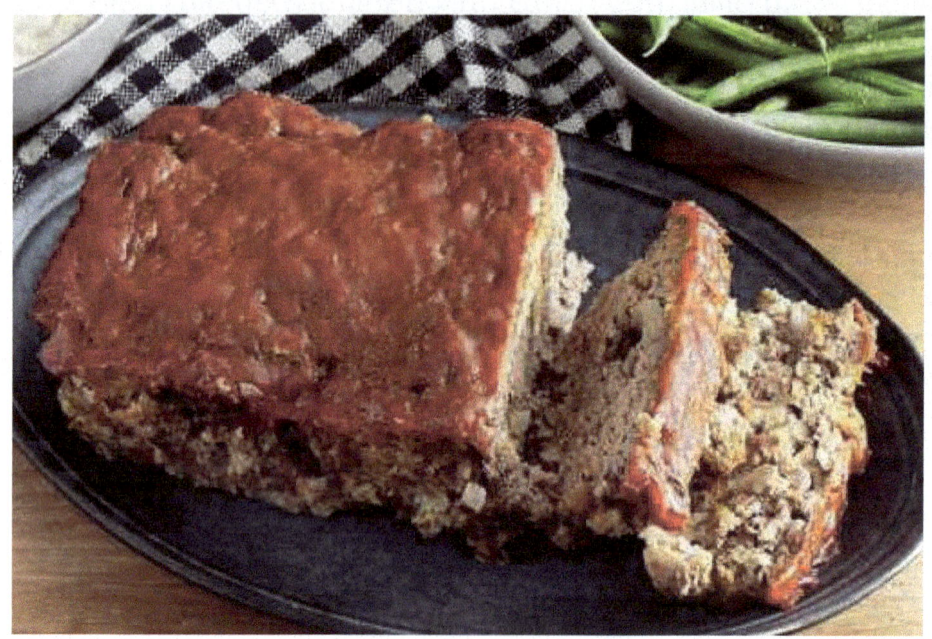

עושה: 6

רכיבים:

- 1 בצל, טחון
- 1 ½ כפיות חמאה
- 1 ½ פאונד בשר בקר טחון
- ½ כוס פירורי לחם טריים
- ביצה 1
- ½ כוס רוטב עגבניות
- 1 ½ כפית כפית מלח
- ¼ כפית פלפל
- רוטב ברביקיו

הוראות:

a) מחממים תנור ל-350 מעלות F.
b) מטגנים בצל בחמאה עד שהוא רך.
c) מערבבים עם שאר החומרים ומערבבים היטב.
d) יוצרים כיכר ומניחים לתבנית אפייה בגודל 10X14 אינץ'.
e) יוצקים ½ כוס רוטב ברביקיו על הכיכר ואופים במשך שעה אחת, תוך כדי לטפטף מעת לעת עם רוטב הברביקיו שנותר.

## 34. קציץ בשר בסגנון גן

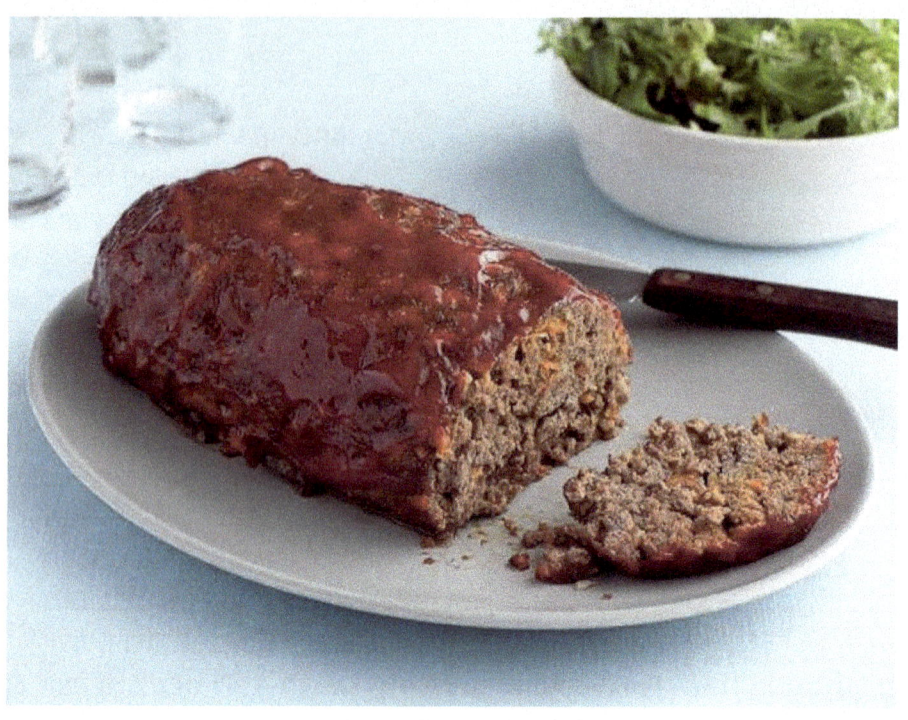

עושה: 8

רכיבים:

- 1 ½ פאונד בשר בקר רזה
- חבילת 10 אונקיות תרד קפוא, מופשר ומרוקן
- 1 כוס שיבולת שועל
- ½ כוס בצל, קצוץ דק
- ½ כוס גזר, מגורר דק
- 2 חלבונים, טרופים מעט
- ⅓ כוס חלב דל שומן
- 1 ½ כפיות תיבול איטלקי
- ¼ כפית פלפל

הוראות:

a) מחממים תנור ל-350 מעלות F.
b) מערבבים את כל החומרים בקערה גדולה; לערבב קלות אך ביסודיות.
c) בתבנית אפייה בגודל 9x13 אינץ' או על רשת של תבנית ברילר, מעצבים את תערובת קציצות הבשר לכיכר 5x9 אינץ' במרכז התבנית.
d) אופים 45 עד 50 דקות או עד לרמת עשייה בינונית (160 מעלות פרנהייט) והמיצים מתבהרים.
e) מניחים לעמוד כ-5 דקות לפני החיתוך.

## 35. קציץ בשר קלאסי בבישול איטי

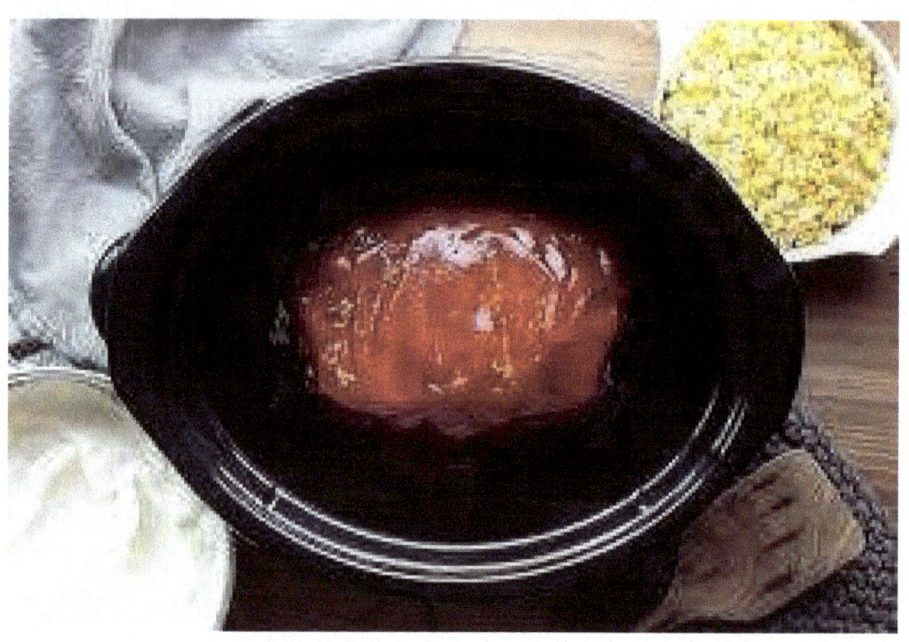

עושה: 12

רכיבים:

- 4 קילו סינטה טחונה (90% רזה)
- 1 מעטפה תערובת פנקייק תפוחי אדמה Hungry Jack
- 1 מעטפה תערובת מרק בצל יבש
- 3 ביצים

הוראות:

a) בקערה גדולה מערבבים את הבשר עם תערובת לביבות תפוחי אדמה, תערובת מרק בצל וביצים.
b) מערבבים היטב.
c) מעצבים מזה כיכר ומכניסים את הכיכר לסיר לבישול איטי.
d) אפשרו לו להתבשל על LOW למשך 7 עד 8 שעות, או על HIGH למשך 5 עד 6 שעות.

## 36. קציץ בשר מג'יק סלואו סיר

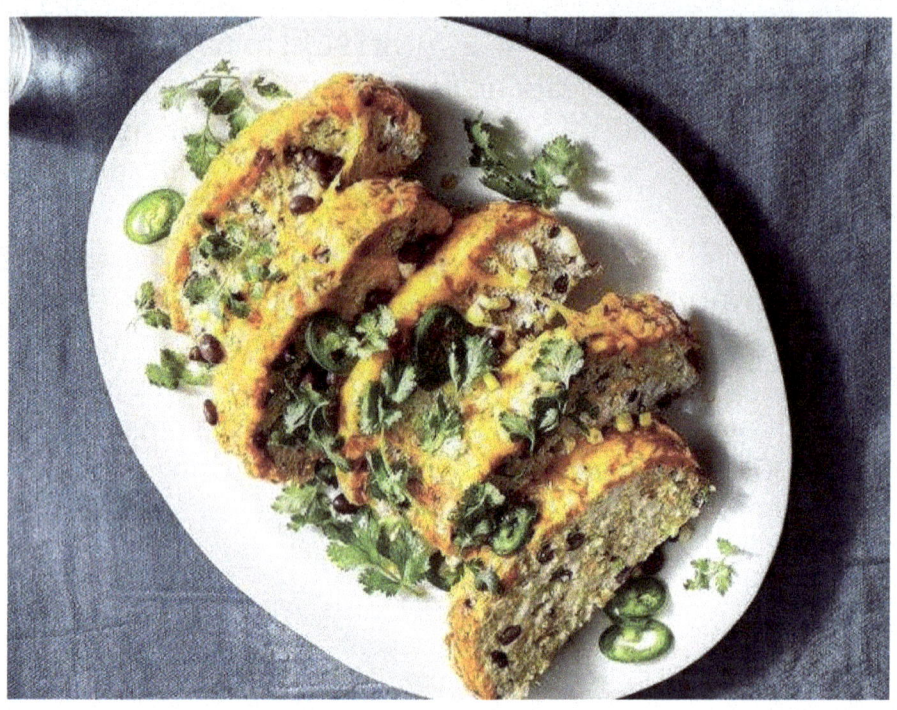

רכיבים:
- 2 פאונד בשר בקר טחון
- ½ כוס פלפלים ירוקים, קצוצים
- ½ כוס בצל, קצוץ
- 1 ½ כפית מלח
- 2 ביצים
- 1 כוס פירורי קרקר ריץ
- 1 ½ כוס קטשופ, מחולק
- 1 כפית חרדל צהוב
- ¼ כוס סוכר חום

הוראות:

a) בקערה בינונית, מערבבים יחד בשר בקר טחון, פלפל ירוק, בצל, ביצים, מלח, פירורי קרקר ו-¾ כוסות מהקטשופ. השתמש בכף או בידיים כדי לשלב את התערובת.

b) מרפדים את התנור האיטי בנייר אלומיניום ומרססים בספריי טפלון. מעצבים את תערובת הבשר לכיכר ומכניסים לבישול איטי.

c) מבשלים על LOW במשך 6 עד 8 שעות או HIGH במשך 3 עד 4, עד שהבשר כבר לא ורוד. ב-15 הדקות האחרונות מערבבים יחד את יתרת הקטשופ, החרדל והסוכר החום ומורחים על קציץ הבשר העליון.

d) נותנים לבשל למשך 15 דקות הנותרות.

e) מצננים, פורסים ומגישים.

## 37. לחם אמיש

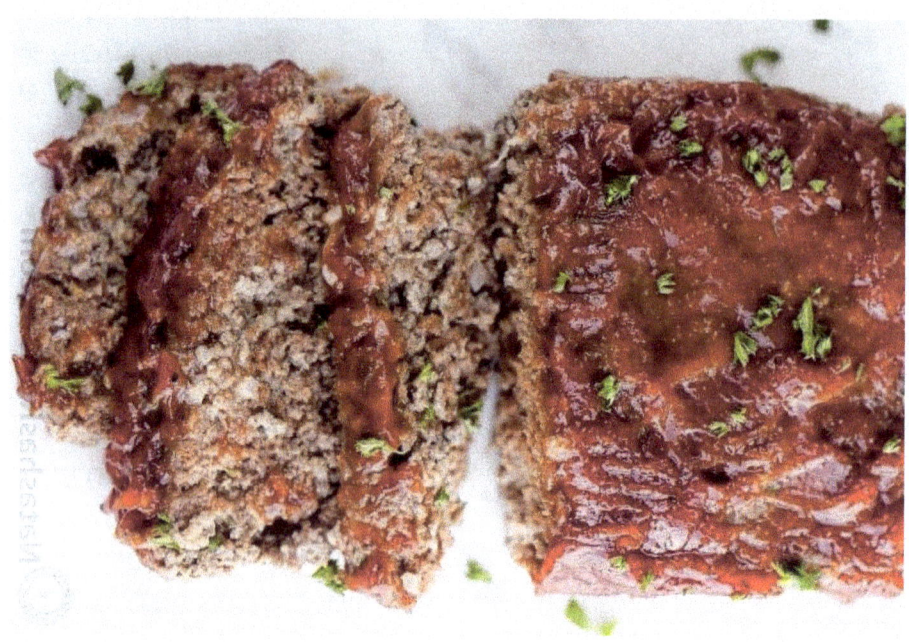

עושה: 6

רכיבים:

- 2 פאונד בשר בקר טחון
- 2 ½ כוסות קרקרים בטעם חמאה כתוש
- 1 בצל קטן, קצוץ
- 2 ביצים
- ¾ כוס קטשופ
- ¼ כוס סוכר חום
- 1 כוס קטשופ
- 2 כפות סירופ תירס
- לצאת אם אתה רוצה)

הוראות:

a) מחממים תנור ל-350 מעלות F.
b) בקערה בינונית, מערבבים יחד בשר בקר טחון, קרקרים מרוסקים, בצל, ביצים, ¾ כוס קטשופ ו¼ כוס סוכר חום עד לקבלת תערובת אחידה.
c) מעצבים את תערובת הבשר לצורת כיכר ומכניסים לתבנית אפייה עם חמאה.
d) אופים במשך שעה אחת או עד שהם מוכנים. מוסיפים את זיגוג הקטשופ באמצע הבישול.

## 38. קציץ בשר בקר קישואים

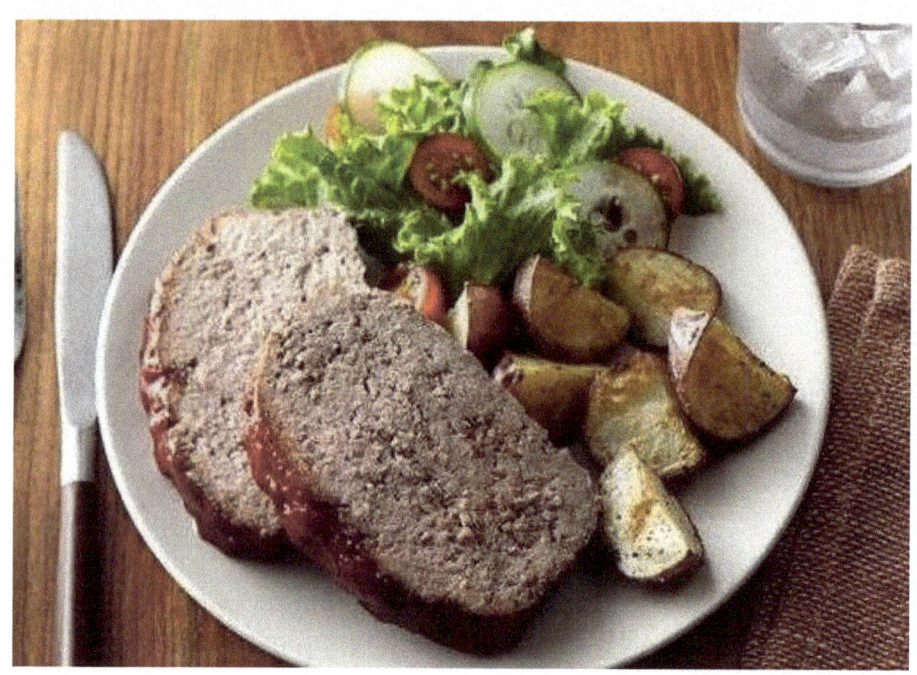

עושה: 4

רכיבים:

- 2 פאונד בשר בקר טחון
- 1 כוס זוקיני, מגורר
- 2 ביצים
- ½ כוס בצל, קצוץ
- 3 שיני שום קצוצות
- 3 כפות רוטב ווסטרשייר
- 3 כפות פטרוזיליה טרייה, קצוצה
- ¾ כוס פירורי לחם פנקו
- ⅓ כוס מרק בקר
- מלח לטעימה
- ¼ כפית פלפל שחור גרוס
- ½ כפית פפריקה טחונה

הוראות:

a) מערבבים היטב בשר בקר טחון עם ביצה, זוקיני, בצל, שום, פירורים, פטרוזיליה, רוטב ווסטרשייר, מרק וכל מרכיבי התיבול בקערה.
b) משמנים את צלחת הצרוב בשמן ומורחים את בשר הבקר הטחון במחבת.
c) העבירו את ה-Sear Plate לתנור אייר פרייר וסגרו את הדלת.
d) בחר במצב "אייר פריי" על ידי סיבוב החוגה.
e) לחץ על הלחצן TIME/SLICES ושנה את הערך ל-40 דקות.
f) לחץ על הלחצן TEMP/SHADE ושנה את הערך ל-375°F.
g) לחץ על Start/Stop כדי להתחיל בבישול.
h) פורסים ומגישים.

## 39. קציץ בשר צ'דר

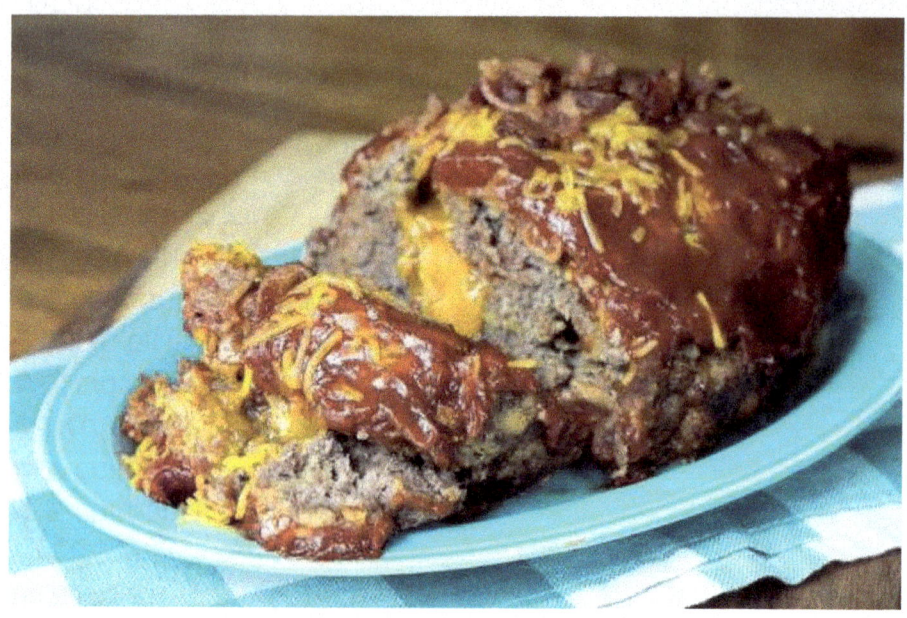

עושה: 8

רכיבים:

- 3 ביצים
- 4 גרם גבינת צ'דר חדה, מגוררת
- ¼ כוס פלפל ירוק, חתוך לקוביות
- ½ כוס בצל, קצוץ
- ¼ כפיות פלפל שחור
- 45 קרקרים, מרוסקים
- 1 ½ פאונד בשר בקר רזה
- ½ כוס חלב
- 1 כפית מלח

הוראות:

a) בקערת ערבוב, טורפים את הביצים ואז מוסיפים גבינה, פלפל ירוק, בצל, פירורי קרקר, פלפל חלב ומלח. מערבבים היטב לאיחוד.
b) מוסיפים בשר טחון ומערבבים היטב.
c) מכינים כיכר מתערובת בשר ומניחים על תבנית.
d) בחר במצב אפייה ולאחר מכן הגדר את הטמפרטורה ל-350 מעלות צלזיוס והזמן למשך 60 דקות. לחץ התחל.
e) לאחר שתנור האייר פרייר מחומם מראש, הכנס את תבנית התבנית לתנור.
f) מגישים ונהנים.

## 40. קציץ בשר מזוגג ברוטב

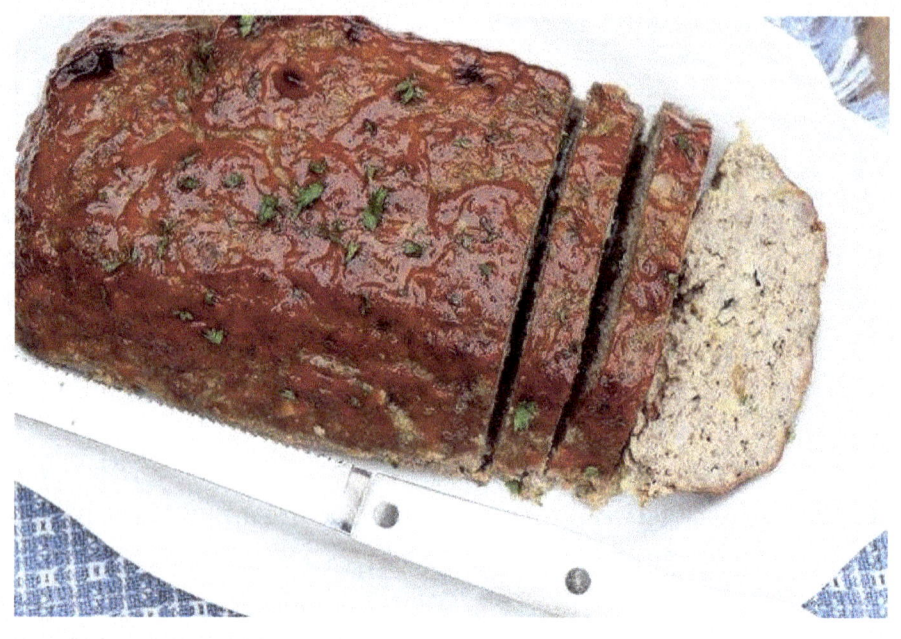

עושה: 6

רכיבים:
- 1 קילו בשר בקר טחון
- ½ בצל קצוץ
- ביצה 1
- 1 ½ שן שום, קצוצה
- 1 ½ כפיות קטשופ
- 1 ½ כפיות פטרוזיליה טרייה, קצוצה
- ¼ כוס פירורי לחם
- 2 כפות חלב
- מלח לטעימה
- 1 ½ כפיות תיבול עשבי תיבול
- ¼ כפית פלפל שחור
- ½ כפית פפריקה טחונה
- קוֹנְיָה
- ¾ כוס קטשופ
- 1 ½ כפיות חומץ לבן
- 2 וחצי כפות סוכר חום
- 1 כפית אבקת שום
- ½ כפית אבקת בצל
- ¼ כפית פלפל שחור גרוס
- ¼ כפית מלח

הוראות:

a) מערבבים היטב בשר בקר טחון עם ביצה, בצל, שום, פירורים וכל המרכיבים בקערה.
b) משמנים צלחת צורבים בשמן או בחמאה ומורחים פנימה את בשר הבקר הטחון.
c) העבירו את ה-Sear Plate לתנור אייר פרייר וסגרו את הדלת.
d) בחר במצב "אייר פריי" על ידי סיבוב החוגה.
e) לחץ על הלחצן TIME/SLICES ושנה את הערך ל-40 דקות.
f) לחץ על הלחצן TEMP/SHADE ושנה את הערך ל-375°F.
g) לחץ על Start/Stop כדי להתחיל בבישול.
h) בינתיים מכינים את הזיגוג על ידי הקצפה של מרכיביו בסיר מתאים.
i) מערבבים ומבשלים 5 דקות עד שהוא מסמיך.
j) מברישים את הזיגוג הזה על קציץ הבשר ואופים אותו שוב במשך 15 דקות.
k) פורסים ומגישים.

## 41. קציץ בשר בקר

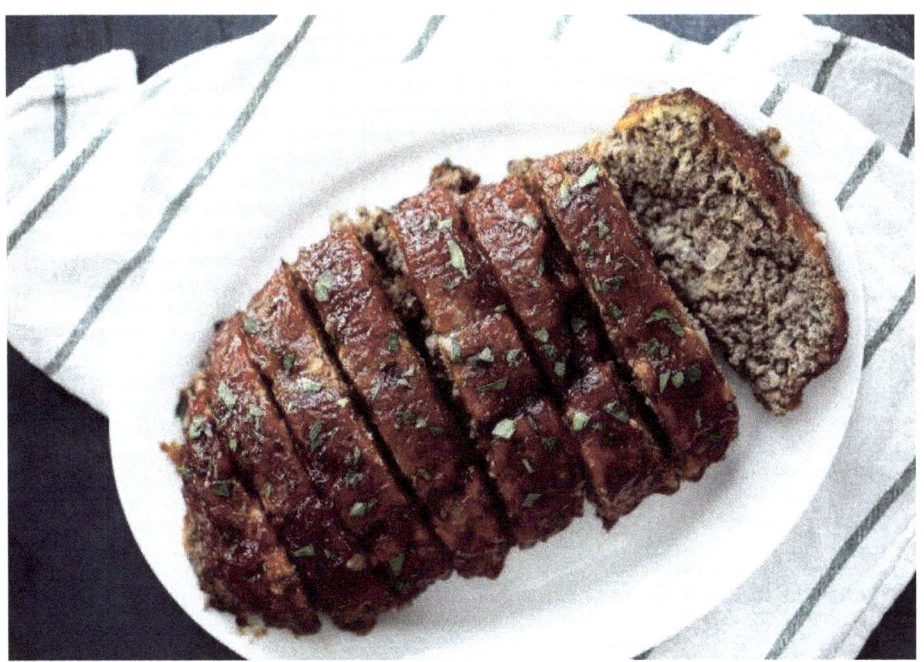

מכינה: 8 עד 10 מנות

**רכיבים:**
- שמן צמחי, לשימון
- 5 פרוסות לחם לבן
- ½ כוס חלב מלא
- 2 פאונד 20/80 בשר בקר טחון
- ½ כוס סלסה עדינה שמנמנה
- ¼ כוס בצל ירוק קצוץ
- ביצה 1
- 2 כפיות מלח תיבול
- 1 כפית אבקת שום
- ¼ עד ½ כוס קטשופ, תלוי עד כמה אתה אוהב את זה

הוראות:

(a) מחממים את התנור ל-375 מעלות F. משמנים קלות תבנית אפייה בגודל 9 על 13 אינץ'.

(b) בקערת ערבוב גדולה מוסיפים את הלחם הלבן ויוצקים את החלב. תנו לחלב להרוות את הלחם, ואז הוסיפו פנימה את בשר הבקר הטחון, הסלסה, הבצל הירוק, הביצה, מלח התיבול ואבקת השום. מערבבים הכל בעזרת הידיים או כלי מטבח עד לקבלת תערובת אחידה.

(c) עצב את קציץ הבשר לצורה הרצויה לך והנח אותו בתבנית האפייה. אופים, ללא כיסוי, במשך 45 דקות.

(d) מוציאים את קציץ הבשר מהתנור, ואז מורחים את הקטשופ כולו. מכניסים אותו בחזרה לתנור, ללא כיסוי, למשך 20 עד 25 דקות נוספות, עד שהשוליים משחימים. הניחו לקציץ הבשר לשבת 10 דקות לפני ההגשה.

## 42. קציץ בשר מזוגג

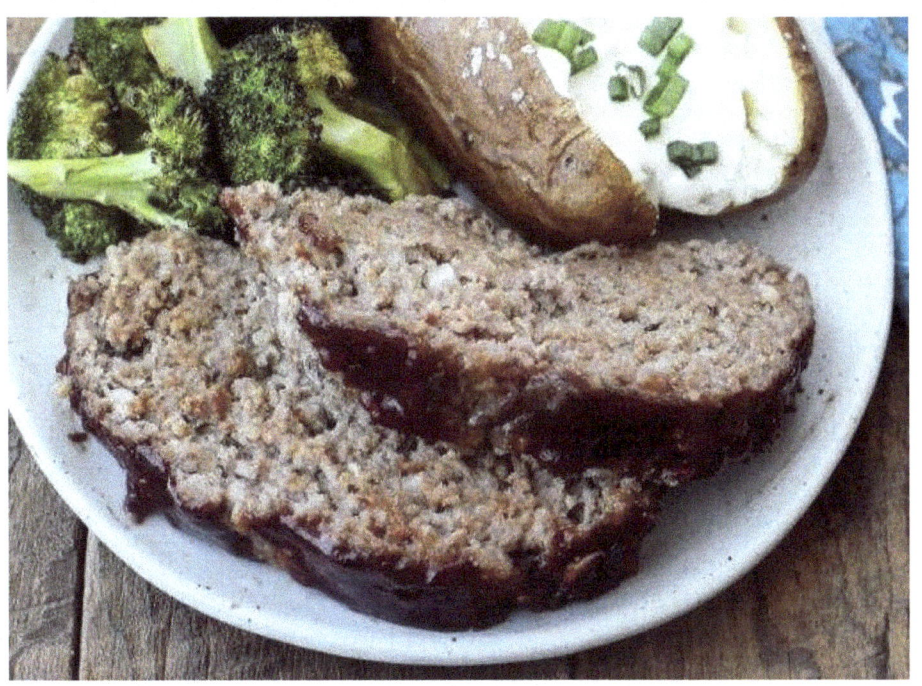

עושה: 4

**רכיבים:**

- ½ כוס רסק עגבניות
- ¼ כוס מיץ לימון, מחולק
- 1 כפית אבקת חרדל
- 2 פאונד בשר בקר טחון
- 1 כוספִּשְׁתָןאֲרוחת זרעים
- ¼ כוס בצל קצוץ
- 1 ביצה, טרופה

הוראות:

a) מחממים תנור ל-350 מעלות F. מערבבים חרדל, רסק עגבניות, 1 כף מיץ לימון בקערה קטנה.
b) מערבבים בצל, בשר בקר טחון, פשתן, ביצה ומיץ הלימון הנותר בקערה גדולה יותר.
c) והוסיפו ⅓ מתערובת רסק העגבניות מהקערה הקטנה יותר.
d) מערבבים הכל היטב ומניחים בתבנית.
e) אופים ב-350 מעלות פרנהייט למשך שעה.
f) מסננים את כל עודפי השומן ומצפים בתערובת רסק העגבניות הנותרת.
g) אופים עוד 10 דקות.

## 43. קציץ בשר דרום-מערבי

מכינה: 4 מנות

רכיבים:
- 1 כף (15 מ"ל) שמן זית או צמחי
- ½ בצל גדול, קצוץ דק מאוד
- 2 גבעולי סלרי, קצוצים דק מאוד
- 2 גזרים, קצוצים דק מאוד
- 1 פלפל חריף אדום, בליעה, זרעים וקצוץ דק מאוד
- 1 פאונד (454 גרם) בשר בקר רזה
- 1 כף (15 מ"ל) רוטב ווסטרשייר
- 2 כפיות (1 גרם) כוסברה טרייה קצוצה
- 2 כפיות (4 גרם) אבקת אנכו צ'ילי ללא גלוטן
- 1 כפית מלח ים כשר או משובח
- 1 כפית כמון טחון
- ½ כפית פלפל שחור גרוס טרי
- ¼ כפית אבקת שום (לא מלח שום)
- ¼ כוס (60 מ"ל) רוטב ברביקיו
- 1 כוס (60 מ"ל) מים

הוראות:

a) לחץ על Sauté על סיר הלחץ החשמלי שלך. כשהסיר הפנימי חם מוסיפים את השמן. מוסיפים את הבצל, הסלרי, הגזר והפלפל ומבשלים, תוך ערבוב לעתים קרובות, עד שהבצל מתרכך, 3 עד 5 דקות. לחץ על ביטול. מוציאים את הסיר הפנימי מהמכונה ומניחים בצד להתקרר מעט.

b) בקערה משלבים את הבשר עם הווסטרשייר והתבלינים, מערבבים ביד עד לתיבול אחיד. מוסיפים את הירקות המצוננים ומקפלים פנימה. לאחר פיזור אחיד, טופחים את הבשר לדיסק מרובע בקוטר של כ-6 אינץ' (15 ס"מ) ומניחים בתבנית אפייה עגולה בגודל 7 אינץ' (18 ס"מ).

c) מברישים את רוטב הברביקיו על החלק העליון של הכיכר. מכסים את התבנית בנייר כסף. נגב את הסיר הפנימי.

d) מניחים טריבט בתחתית הסיר הפנימי ויוצקים פנימה את המים. מניחים את קציץ הבשר על מתלה עם ידיות או קלע ומורידים על הטריבט. סגור ונעל את המכסה, וודא שידית שחרור הקיטור נמצאת במצב איטום. מבשלים בלחץ גבוה במשך 22 דקות, או עד שמדחום לקריאה מיידית רושם לפחות (71°C) 160°F כשהוא מוכנס למרכז קציץ הבשר.

e) בסיום, שחרר את הלחץ באופן טבעי למשך 8 דקות, ולאחר מכן שחרר את שאר הלחץ על ידי הזזת הידית למצב האוורור. פתח את המכסה ופתח אותו בזהירות.

f) מרימים את המתלה מהסיר הפנימי, מסירים בזהירות את נייר הכסף מהתבנית ומעבירים את קציץ הבשר לתבנית אפייה. אם תרצה, אתה יכול להחליק אותו מתחת לפטם במשך כמה דקות כדי להשחים את החלק העליון.

g) חותכים לפרוסות להגשה ומעבירים רוטב ברביקיו נוסף לשולחן.

## 44. חבילת קציצות בשר

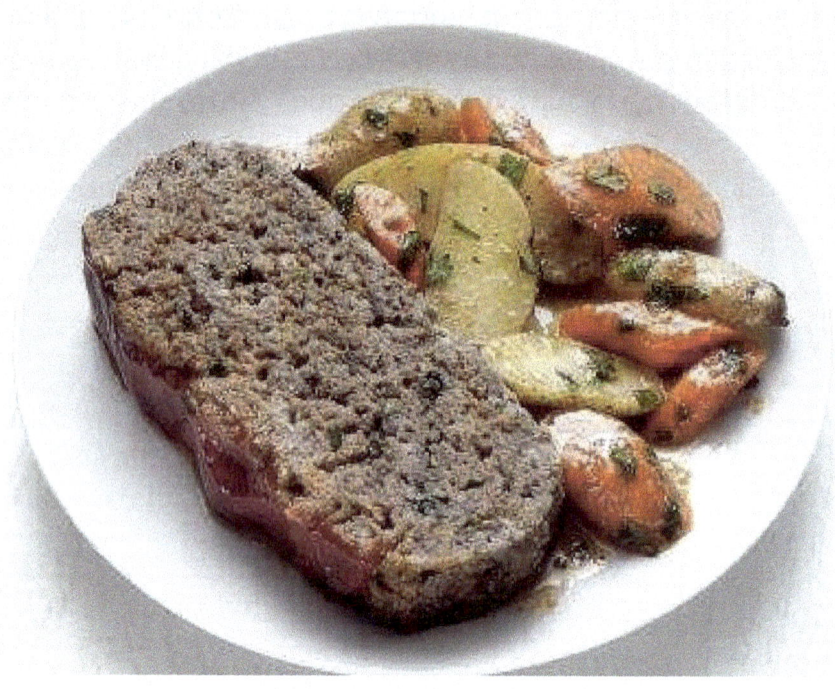

**רכיבים:**

- 1.5 פאונד בשר בקר טחון
- ¾ ג. דייסת שיבולת שועל (מיידית או רגילה)
- ביצה 1
- 1 פלפל חריף
- 1 חבילה תערובת מרק בצל
- ¼ כפית אבקת חרדל (לא חובה)

הוראות:

a) מגלגלים נייר כסף.
b) שים את הבשר הטחון על נייר הכסף.
c) יוצרים "באר" באמצע הבקר שתשמש בקערה שתכיל את שאר המרכיבים.
d) שמים את החומרים ב"באר". מקפלים את דפנות הבשר ולשים את החומרים יחד.
e) מעצבים את התערובת לכיכר, מקפלים מעליה את נייר הכסף ומניחים בגחלת האש לבישול של כשעה.

## Bison Meatloaf .45

**רכיבים:**

- 1 קילו ביזון טחון
- ¼ כוס פירורי לחם
- ½ כוס מרק בקר
- 1 ביצה (טרופה)
- ¼ כוס בצל מגורר
- ¼ כוס פרמזן מגורר
- 1 כף רסק עגבניות
- 2 כפיות רוטב ווסטרשייר
- ¾ כפית מלח שולחן
- ¼ כפית פפריקה
- ¼ כפית פלפל שחור
- ⅛ כפית מעוגלת מרווה טחונה

**קוֹנְיָה**

- ⅓ כוס קטשופ
- 2 כפות חומץ בלסמי
- 1 כף סוכר חום

**הוראות:**

a) לחמם את התנור מראש ל -350 מעלות.

b) מפוררים בעדינות ביזון לתוך קערה גדולה ומוסיפים את כל שאר מרכיבי קציץ הבשר. עבדו יחד כדי לשלב באופן מלא.

c) מערבבים יחד את מרכיבי הזיגוג בבלי נפרד.

d) צובעים שתי כפות זיגוג בתחתית תבנית לחם, או תבנית אפייה, ומניחים עליה תערובת קציצות בשר. יוצרים מכיכר בשר כיכר בעובי 2-3 אינץ'. לאחר מכן צובעים את הזיגוג שנותר על גבי כיכר הבשר.

e) מכניסים את קציץ הבשר לתנור ואופים במשך 40 דקות, או עד שהטמפרטורה הפנימית מגיעה ל-160 מעלות.

f) מצננים מעט ומגישים.

## 46. קציץ בשר בסגנון יווני

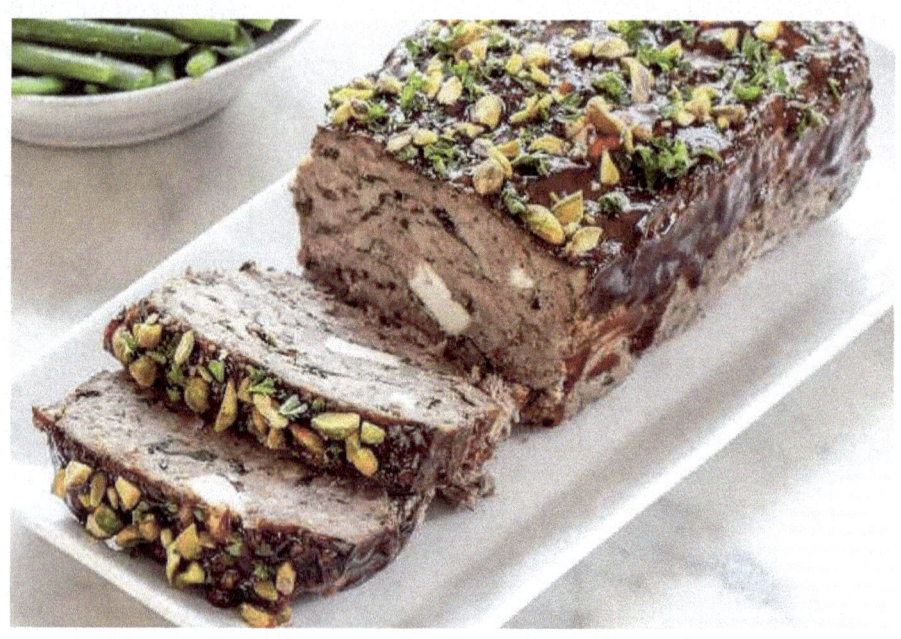

עושה: 2

**רכיבים:**

- 1 קילו בשר בקר רזה
- 2 ביצים
- 2 עגבניות רומא חתוכות לקוביות
- ½ בצל לבן חתוך לקוביות
- ½ כוס פירורי לחם מחיטה מלאה
- 1 כפית אבקת שום
- 1 כפית אורגנו מיובש
- 1 כפית טימין מיובש
- 1 כפית מלח
- 1 כפית פלפל שחור
- 2 אונקיות גבינת מוצרלה, מגוררת
- 1 כף שמן זית
- פטרוזיליה טרייה קצוצה, לקישוט

הוראות:

a) מחממים את התנור ל-380 מעלות צלזיוס.

b) בקערה גדולה מערבבים יחד את בשר הבקר הטחון, הביצים, העגבניות, הבצל, פירורי הלחם, אבקת השום, האורגנו, הטימין, המלח, הפלפל והגבינה.

c) יוצרים כיכר, משטחים לעובי של 1 סנטימטר.

d) מברישים את החלק העליון בשמן זית, ואז מניחים את קציץ הבשר לתוך סל הטיגון האוויר ומבשלים במשך 25 דקות.

e) מוציאים מהאייר פרייר ומניחים לנוח 5 דקות, לפני שפורסים ומגישים עם פיזור פטרוזיליה.

## 47. ביף מיקס קציץ בשר

רכיבים:

- 2 ½ פאונד בשר בקר רזה
- 1 כוס פירורי לחם איטלקי או פירורי לחם תירס
- ½ כוס בצל מטוגן, מפורר לחתיכות
- 1 ביצה, טרופה קלות
- 1 כפית רוטב קיטשן זר
- ½ כוס קטשופ
- 2 כפות רוטב ווסטרשייר
- ¼ כוס רוטב ראנץ'
- מלח ופלפל לפי הטעם

הורָאות:

a) שמים את כל החומרים בקערה גדולה.
b) מערבבים בעדינות עם כף עץ או ידיים כדי לשלב באופן אחיד את כל החומרים.
c) לא לערבב יתר על המידה. מכסים בניילון נצמד, מוודאים שהעיטוף נוגע במשטח העליון של הבשר, ומכניסים למקרר ל-30 דקות.

## 48. קציץ בשר עטור פרסים

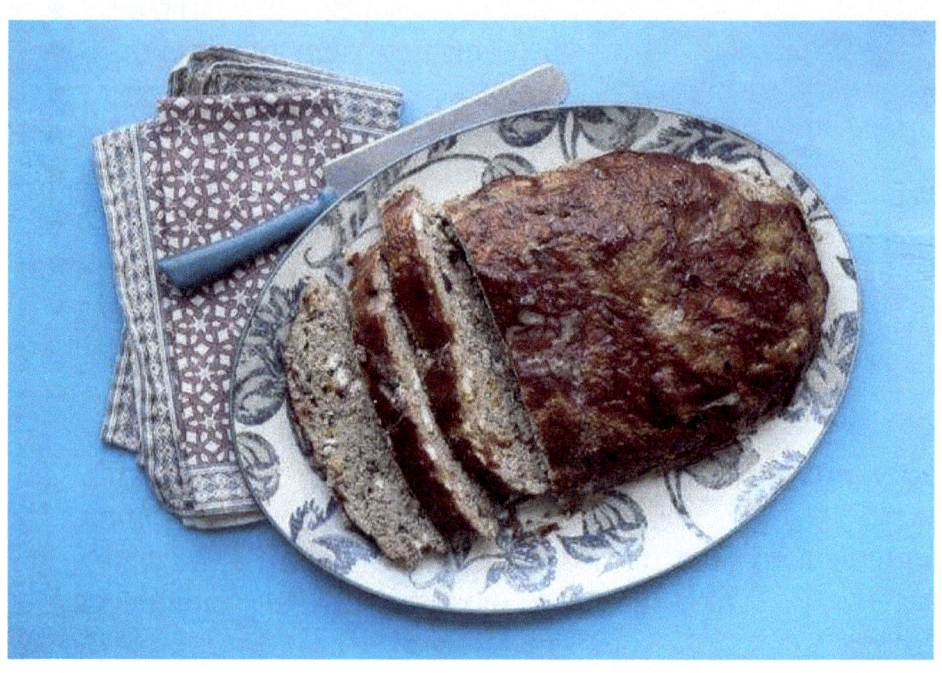

רכיבים:

- 1 ½ פאונד בשר בקר טחון
- 1 כוס מיץ עגבניות
- ¾ כוס שיבולת שועל מיושנת, לא מבושלת
- 1 ביצה, טרופה
- ¼ כוס בצל קצוץ
- 1 כפית מלח
- ¼ כפית פלפל

הוראות:

a) מחממים תנור ל-350 מעלות F.

b) העבירו את שיבולת השועל היבשה דרך מעבד מזון כדי לפרק אותן.

c) בקערה גדולה מערבבים שיבולת שועל, בשר בקר טחון, מיץ עגבניות, ביצה, בצל, מלח ופלפל ומערבבים היטב עם מזלג. לחץ בחוזקה לתוך תבנית לא משומנת בגודל 4 x 8 אינץ'.

d) אופים במשך שעה אחת. מניחים לעמוד חמש דקות לפני החיתוך.

## 49. קציץ בשר נישואים של אמיש

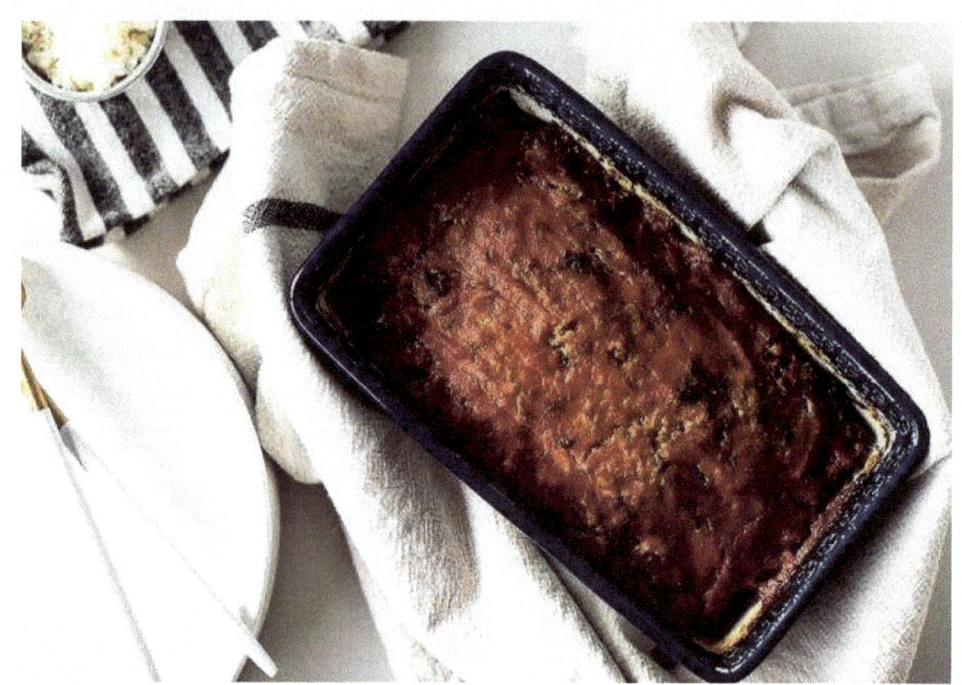

רכיבים:

- 2 פאונד בשר בקר טחון
- ¾ כוסות שיבולת שועל מהירה, לא מבושלת
- 2 ביצים טרופות היטב
- ¼ כוס בצל קצוץ
- ¾ כוס מיץ עגבניות
- 2 כפיות מלח
- 1 ½ כפיות פלפל
- 2 כפות קטשופ
- 2 כפות חרדל
- 2 כפות סוכר חום

הוראות:

a) מחממים תנור ל-350 מעלות F.
b) מערבבים בשר בקר טחון, שיבולת שועל, ביצים, בצל, מיץ עגבניות, מלח ופלפל היטב. אורזים היטב בתבנית כיכרות.
c) מערבבים יחד קטשופ, חרדל וסוכר חום ומורחים על קציץ בשר.
d) אופים במשך שעה אחת.

## 50. קציץ בשר מיושן

רכיבים:

- 1 קילו בשר בקר טחון
- 1 (6 אונקיות) פחית רסק עגבניות
- 1 בצל, קצוץ
- ½ כוס שיבולת שועל
- ביצה 1
- 1 כפית מלח
- ⅓ כוס קטשופ
- 2 כפות סוכר חום
- 1 כף חרדל

הוראות:

a) מחממים תנור ל-375 מעלות F.
b) מערבבים יחד בשר בקר טחון, רסק עגבניות, בצל, שיבולת שועל, ביצה ומלח בקערה ומכניסים לתבנית.
c) מערבבים יחד קטשופ, סוכר חום וחרדל ומורחים על קציץ הבשר.
d) מכסים ואופים במשך 40 עד 60 דקות עד שעשוי. הסר את הכיסוי ב-15 הדקות האחרונות.

## 51. קציץ בשר סופר לח

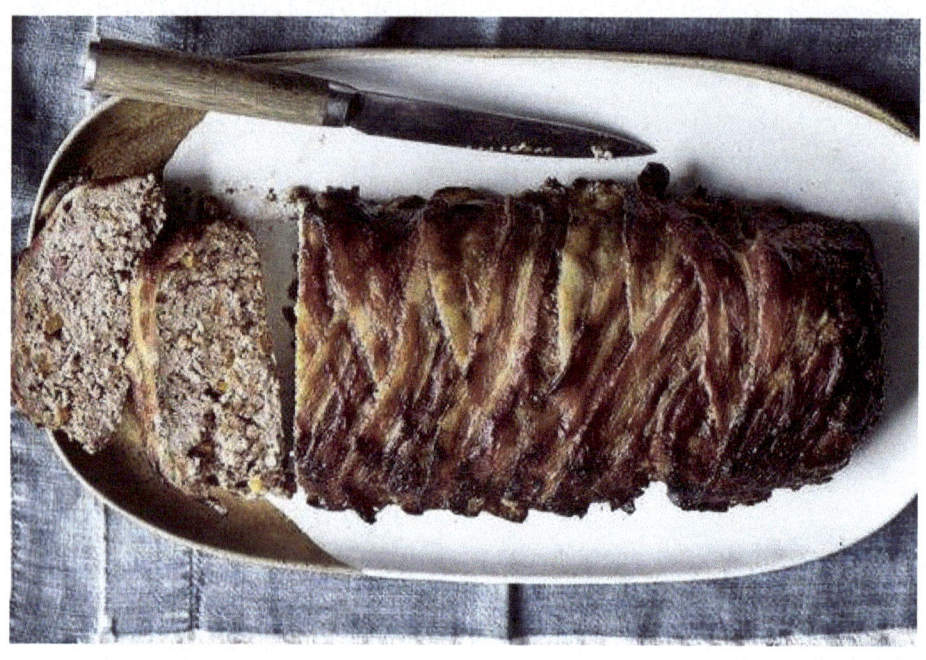

רכיבים:
- 3 פאונד בשר בקר טחון
- ½ כוס פירורי לחם יבשים
- ½ כוס שיבולת שועל
- 1 בצל בינוני, קצוץ דק מאוד
- ½ פלפל חריף, קצוץ דק מאוד
- 2 כפות רוטב ווסטרשייר

הוראות:
a) מחממים תנור ל-350 מעלות F.
b) שלבו בשר בקר טחון, בצל, פלפל, פירורי לחם, שיבולת שועל, ביצה, רוטב עגבניות, מלח, פלפל ושום.
c) יוצרים כיכר אחת גדולה או השתמשו בתבניות מאפינס לכיכרות אישיות.
d) מוסיפים ½ מהרוטב לפני האפייה.
e) אופים במשך 45 דקות. קציץ הבשר נעשה ברגע שהוא מגיע ל-170 מעלות F אך מוציאים אותו מהתנור ב-165 מעלות. זה ימנע ממנו להתייבש.
f) זה יסיים להתבשל. אם משתמשים בתבניות מאפינס או בתבנית אחרת שאינה מנקזת את השומן, הסר את קציץ הבשר מהתבנית לניקוז לאחר הוצאתו מהתנור.

## 52. קציץ בשר בתנור הולנדי

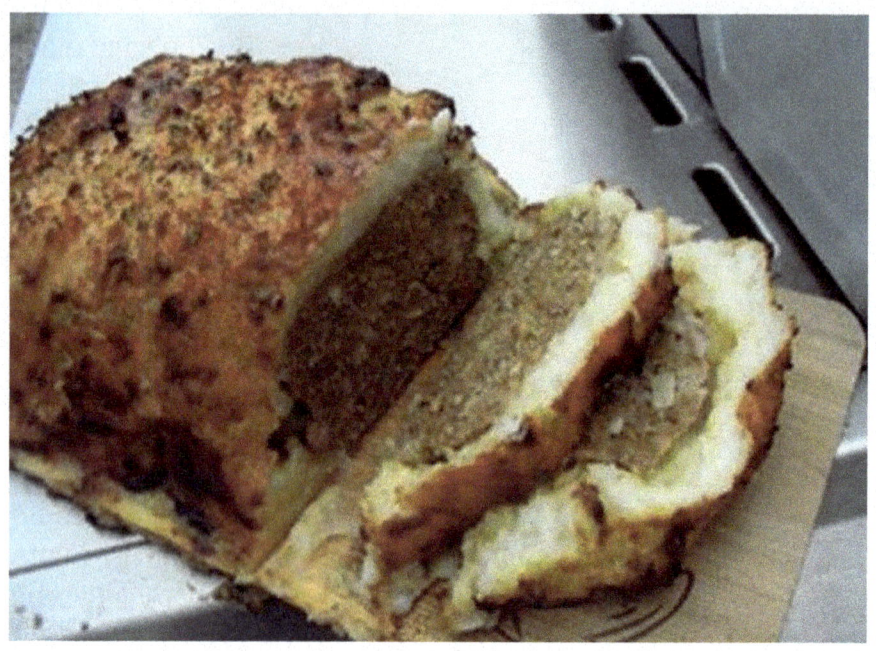

רכיבים:

- 2 פאונד בשר בקר טחון
- 3 בצלים, קצוצים
- 3 תפוחי אדמה, עם קליפה, קוביית ½ אינץ'
- 2 גזרים, מגוררים
- 1 כוס תפוצ'יפס
- 2 מרשמלו גדולים
- ⅔ כוס catsup
- 2 אונקיות טבסקו

הוראות:

a) מרסקים את החומרים יחד. מכניסים לתנור הולנדי.
b) מניחים את המכסה ומניחים מעל ערימה קטנה של גחלים חמות (4-5) ומכסים את המכסה בגחלים נוספות (4-5).
c) מבשלים כ-30 דקות.

## 53. קציץ בשר בתנור הולנדי עם אורז

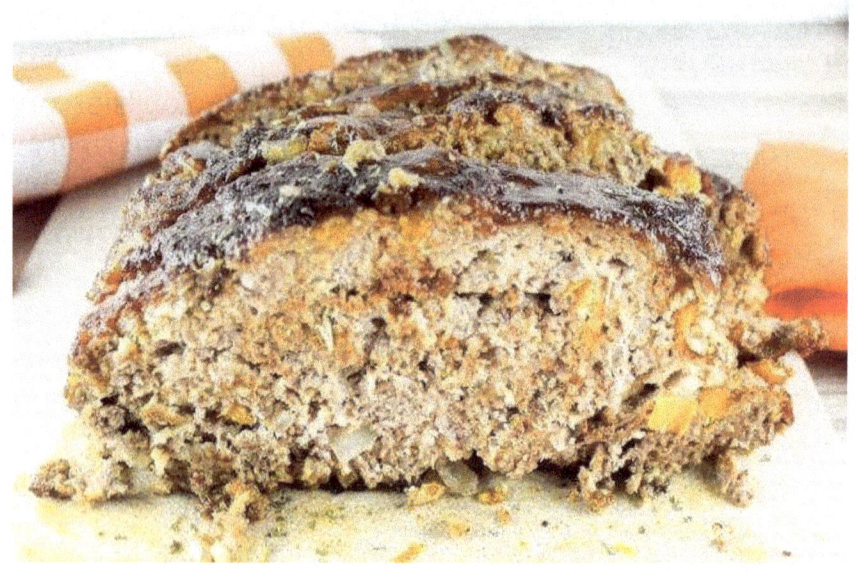

רכיבים:
- 2 פאונד בשר בקר טחון
- 2 ט מלח
- ½ ט מרווה טחונה
- 4 ביצים - טרופה היטב
- 2 כוסות פירה
- חצי קילו נקניק חזיר
- 2 ט סוכר
- ½ ט פלפל
- 2 כוסות אורז מבושל
- 2 בצלים - חתוכים לקוביות

הוראות:
a)   מערבבים בשר עם תבלינים ואז שאר המרכיבים. מערבבים היטב.
b)   מכניסים לתנור הולנדי משומן קלות בגודל 13 אינץ'. אופים בחום של 375 F. עד לסיום, בערך שעה עד שעה וחצי.
c)   השתמשו ב-8 גחלים מלמטה ו-18-20 גחלים מלמעלה.

## 54. מחנה קציץ בשר

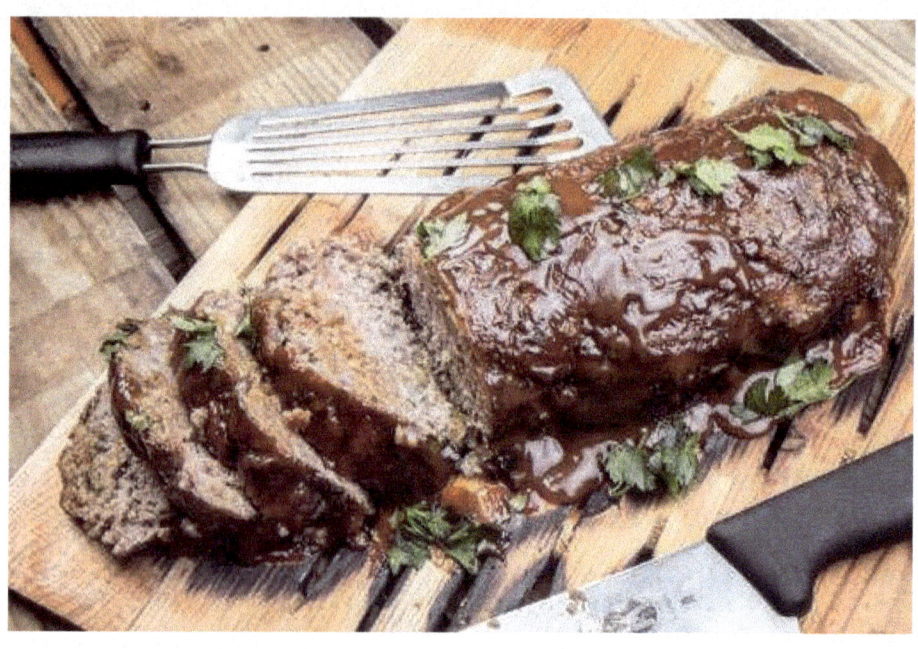

רכיבים:
- חצי קילו בשר בקר טחון
- ¾ כוס שיבולת שועל מהירה
- ביצה 1
- ¼ כפית חרדל יבש
- ¼ כוס פלפל חריף
- 1 חבילה תערובת מרק בצל
- ¾ כפית מלח
- ⅛ כפית מיורן

הוראות:
a) מערבבים את כל החומרים ומכניסים לתבנית תבשיל. מכניסים לתנור
   הולנדי.
b) אופים שעה, מכוסה.

## 55. קציץ בשר חזיר ועשבי תיבול

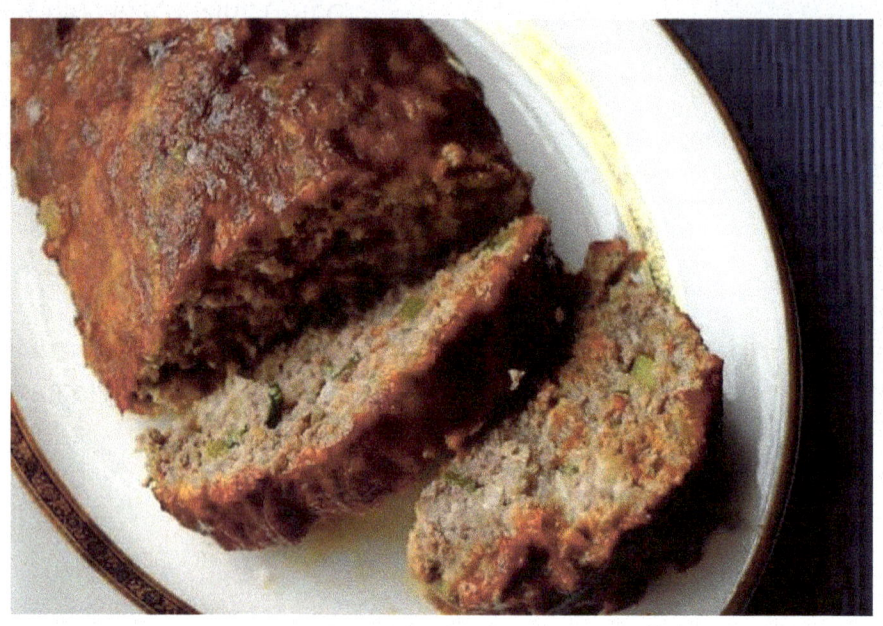

מכינה: 4 מנות

רכיבים:

- 480 גרם בשר חזיר טחון
- 2 שיני שום; כָּתוּשׁ
- 3 גזרים; קלופים ומגוררים דק
- 2 כפיות כמון; (אופציונאלי)
- 1 כפית קינמון
- 1 בצל גדול; מְגוּרָד
- 2 כפות רסק עגבניות
- 180 גרם פירורי לחם טריים
- 2 ביצים; מוּכֶּה
- מלח ופלפל שחור גרוס טרי

הוראות:

a) מחממים את התנור ל-370F/190C/גז 5. מרפדים תבנית של 2 קילו בנייר חסין שמן.
b) בקערה גדולה מערבבים היטב את כל מרכיבי הכיכר ומתבלים היטב.
c) מהדקים את התערובת לתוך תבנית הלחם ומכסים בנייר אלומיניום.
d) מבשלים את הכיכר כשעה, או עד שהוא יציב ושיפוד או סכין כשמכניסים אותו יוצא נקי.
e) הניחו לכיכר לשבת בתבנית שלו במשך 10 דקות לפני הפניה ופורסים.
f) מגישים בפרוסות עבות עם רוטב העגבניות והתפוחים.
g) ניתן להשתמש בתערובת זו גם להכנת קופות טלה - מוסיפים עוד קצת כוסברה וביצה אחת.

### 56. בובוטי (קציץ בשר טלה)

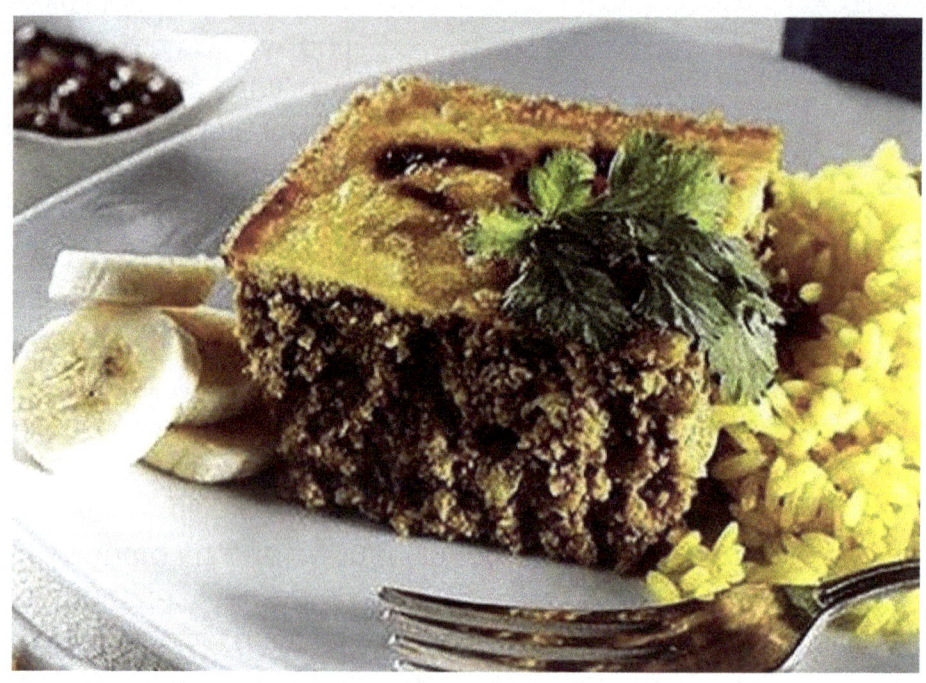

מכינה: 6 מנות

רכיבים:

- 2 פרוסות לחם לבן
- חלב
- 2 בצלים, פרוסים דק
- 1 תפוח, קלוף וחתוך לקוביות
- 2 כפות חמאה
- 1 קילו טלה טחון
- 2 כפות סוכר
- 2 כפות חומץ סיידר
- ¼ כפית מלח
- ¼ כפית פלפל שחור
- ¼ כוס צימוקים
- 2 ביצים
- 12 שקדים מולבנים, קצוצים גס
- 6 עלי קפיר ליים
- 1 כוס חלב
- 1 כפית כורכום
- אורז לבן מבושל (אופט)
- צ'אטני (אופט)

הוראות:

a) משרים לחם בקערה עם חלב לכיסוי עד שהוא רך, ואז סוחטים יבשים.
b) מטגנים בצל ותפוח במחבת עם חמאה עד שהם רכים ולא משחימים. מוסיפים לחם, כבש, אבקת קארי, סוכר, חומץ, מלח, פלפל וצימוקים. מוסיפים ביצה טרופה אחת ושקדים ומערבבים היטב.
c) אורזים את התערובת קלות לתבנית אפייה בגודל 9x5 אינץ'. מסדרים עלי ליים מלמעלה. אופים ב-350'F. שעה. מקציפים את הביצה הנותרת עם חלב. מערבבים פנימה כורכום. יוצקים על קציץ בשר ואופים 15 דקות יותר.
d) מגישים עם אורז וצ'אטני.

## 57. קציץ בשר טלה ועשבי תיבול

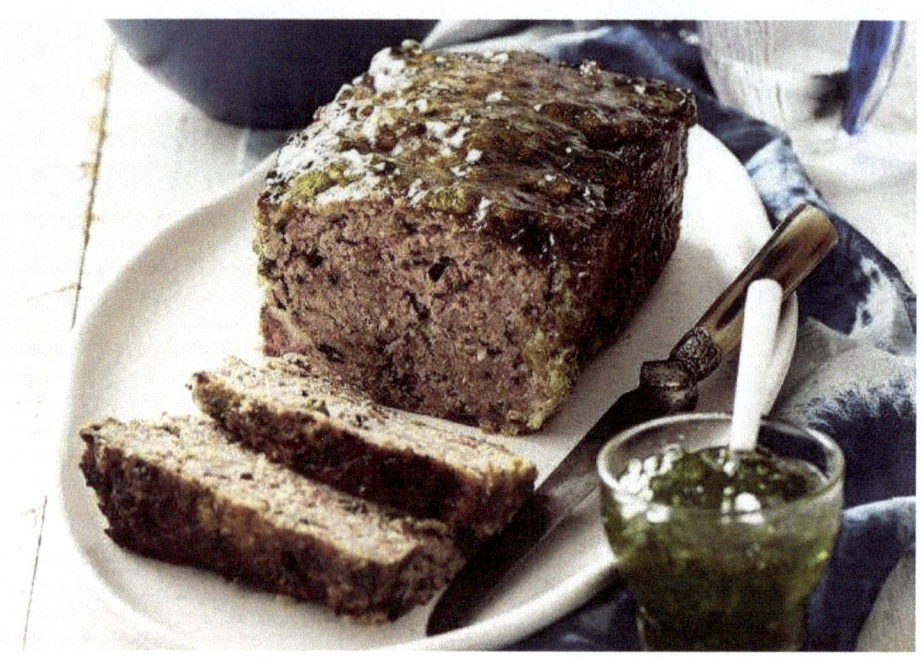

מכינה: 4 מנות

רכיבים:

- 480 גרם טלה טחון רזה
- 2 שיני שום; כָּתוּשׁ
- 3 גזרים; מקולף ומגורר
- בְּעֲדִינוּת
- 2 כפיות כמון; (אופציונאלי)
- 1 כפית קינמון
- 1 בצל גדול; מְגוּרָד
- 2 כפות רסק עגבניות
- 180 גרם פירורי לחם טריים
- 2 ביצים; מוּכֶּה
- מלח ופלפל שחור גרוס טרי

הוראות:

a) מחממים את התנור ל-190C/370F/גז 5.
b) מרפדים תבנית של 2 קילו בנייר שומן. בקערה גדולה מערבבים היטב את כל מרכיבי הכיכר ומתבלים היטב.
c) מהדקים את התערובת לתוך תבנית הלחם ומכסים בנייר אלומיניום.
d) מבשלים את הכיכר כשעה, או עד שהוא יציב ושיפוד או סכין כשמכניסים אותו יוצא נקי.
e) הניחו לכיכר לשבת בתבנית שלו במשך 10 דקות לפני הפניה ופורסים.
f) מגישים בפרוסות עבות עם רוטב העגבניות והתפוחים.
g) ניתן להשתמש בתערובת זו גם להכנת קופות טלה - מוסיפים עוד קצת כוסברה וביצה אחת.

## 58. קציץ בשר טלה עם רוטב יוגורט

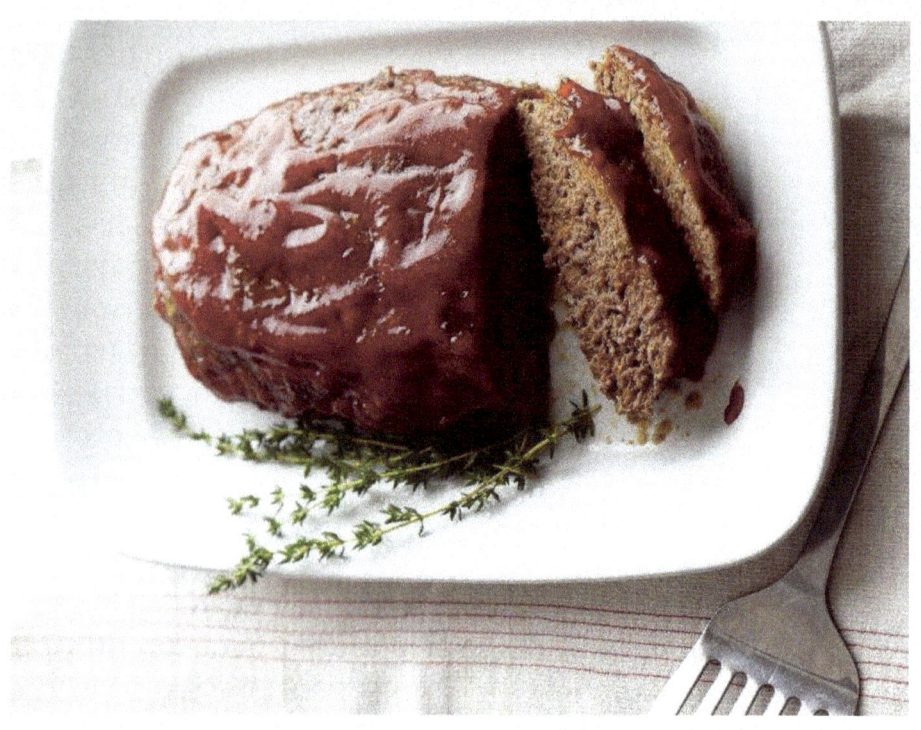

תונמ 4 :הניכמ

רכיבים:

**רוטב יוגורט**

- 1 שן שום, מגוררת דק
- 1½ כוסות יוגורט יווני רגיל
- 2 כפות שמן זית
- 2 כפיות מיץ לימון טרי
- 2 כפיות דבש
- מלח כשר

**קציצת בשר והרכבה**

- שמן זית
- 5 בצל ירוק, 3 קצוצים דק, 2 פרוסים דק באלכסון
- ביצה 1 גדולה
- 2 כפות רסק עגבניות
- 1 כפית כוסברה טחונה
- 1 כפית כמון טחון
- ¼ כפית קינמון טחון
- 2 כפות כוסברה קצוצה, בתוספת ⅓ כוס עלי כוסברה
- 2 כפות פטרוזיליה קצוצה, בתוספת ⅓ כוס עלי פטרוזיליה
- ½ כפית פפריקה ספרדית מעושנת חמה
- חצי קילו טלה טחון
- מלח כשר
- 1 כפית מיץ לימון טרי

הוראות:

**רוטב יוגורט**

a) מערבבים שום, יוגורט, שמן, מיץ לימון ודבש בקערה קטנה; מתבלים רוטב במלח.

b) מכסים ומצננים בזמן שמכינים את קציץ הבשר.

**קציצת בשר והרכבה**

c) מחממים תנור ל-350 מעלות. מרפדים תבנית בנייר אפייה ומברישים קלות בשמן. מערבבים בצל ירוק קצוץ, ביצה, רסק עגבניות, כוסברה, כמון, קינמון, 2 כפות כוסברה קצוצה, 2 כפות פטרוזיליה קצוצה, וחצי כפית פפריקה בקערה בינונית.

d) מניחים את הטלה בקערה גדולה, ולאחר מכן לוחצים בעדינות כלפי מעלה לאורך דפנות הקערה. בעזרת האצבעות, יוצרים גומות קטנות בבשר ומפזרים מלח בנדיבות, הרם את היד מעל הקערה כך שהמלח יתפזר באופן שווה. מוסיפים את תערובת בצל ירוק לקערה ומקפלים את הבשר כלפי מטה ומעל את התערובת. מערבבים עם הידיים עד לפיזור אחיד. מעבירים את תערובת קציצות הבשר לתבנית אפייה מוכנה ויוצרים בול בגודל 8x3½" בערך. מברישים את קציץ הבשר בשמן ואופים עד שהמיץ משתחרר ומדחום קריאה מיידית שהוכנס לחלק העבה ביותר רושם 140°, 40-35 דקות.

e) מוציאים את קציץ הבשר מהתנור ומגבירים את טמפרטורת התנור ל-500 מעלות. (תן לתנור לעלות לטמפרטורה לפני שמכניסים את קציץ הבשר בחזרה. זה ייתן לך השחמה טובה יותר מלמעלה ללא בישול יתר.) אופים קציץ בשר עד להשחמה מלמעלה ומדחום קריאה מיידית רושם 160 מעלות, כ-5 דקות. מעבירים את קציץ הבשר לקרש חיתוך ונותנים לנוח 10 דקות לפני החיתוך.

f) בינתיים, לזרוק בקערית בצל ירוק פרוס, מיץ לימון, חצי כוס עלי כוסברה וחצי כוס עלי פטרוזיליה בקערה קטנה לאיחוד. מטפטפים מעט שמן; מתבלים במלח ומערבבים שוב.

g) מורחים יוגורט על מגש ומסדרים פרוסות קציץ בשר מעל. מעל סלט עשבי תיבול ומפזרים מעט פפריקה.

## 59. קציץ בשר תפוחים

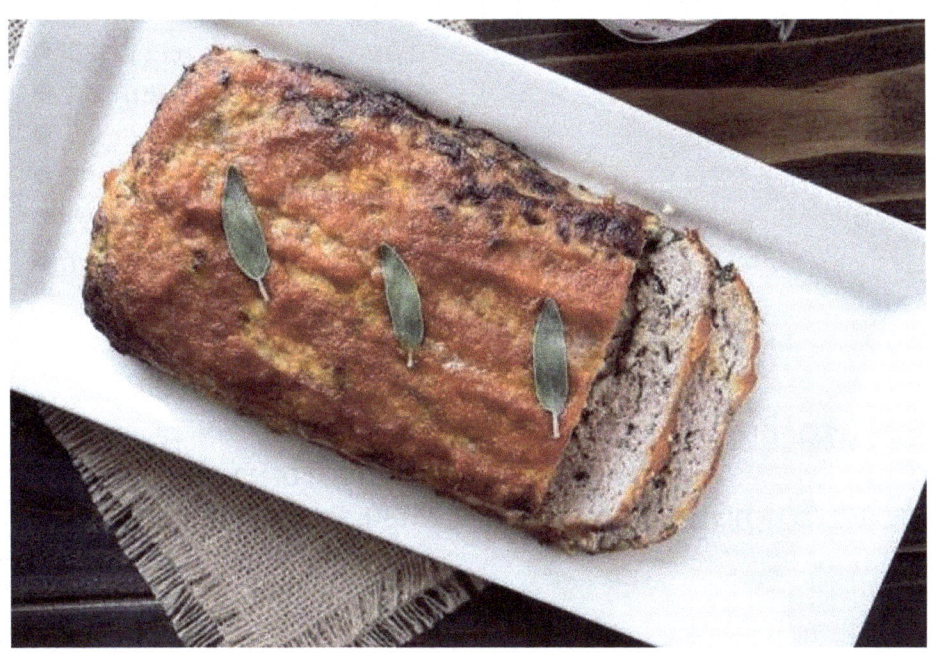

מבינה: 4 מנות

רכיבים:

- 1 קילו בשר טחון רזה
- 1 x תפוח, מגורע וקצוץ
- 1 x בצל מד, קצוץ
- ⅛ כפית פלפל
- ½ כפית מלח שום
- 1 או 2 פרוסות לחם

הוראות:

a) מחממים תנור ל-350.
b) מערבבים את כל החומרים מלבד הלחם. להשרות לחם במים קרים, לסחוט לחות, לגרוס ולהוסיף.
c) מניחים בתבנית ואופים 25-30 דקות. או...ליצור קציצות, לגלגל בפירורי לחם ולטגן במחבת, או לצלות.

## 60. קציץ בשר חמוציות

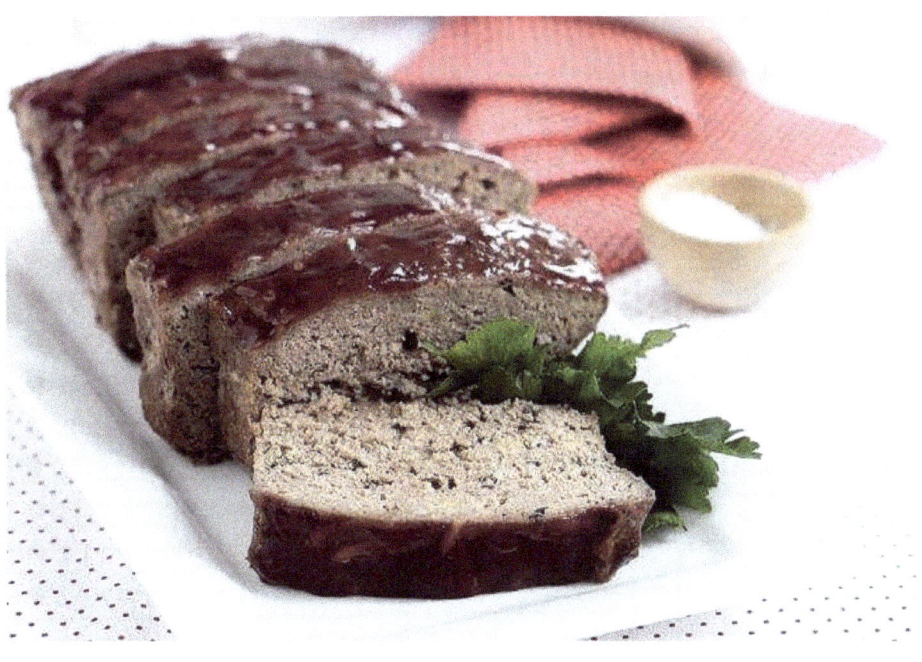

מכינה: 6 מנות

רכיבים:

- ¼ כוס רוטב חמוציות שלם
- ¾ כוס סוכר חום כהה - ארוז
- 2½ פאונד צ'אק טחון
- ½ כוס חלב
- 1 בצל בינוני - קצוץ דק
- ¼ כוס קטשופ
- ½ כוס פירורי לחם רגילים
- 2 ביצים - טרופה קלות
- ½ כפית טימין מיובש
- ½ כפית מיורן מיובשת
- ¼ כפית פלפל לבן
- ½ כפית רוזמרין מיובש
- 1 כפית מלח
- 2 עלי דפנה

הוראות:

a) מחממים את התנור ל-350 מעלות. שמן קלות תבנית כיכרות בגודל 9 x 5 x 3 אינץ'. בקערה קטנה מערבבים את רוטב החמוציות והסוכר החום.

b) מניחים את תערובת רוטב החמוציות בתחתית התבנית המוכנה. בקערה גדולה מערבבים את שאר החומרים מלבד עלי הדפנה ומערבבים היטב. מניחים את תערובת קציצות הבשר בתבנית על גבי הרוטב. משטחים את הכיכר עם עלי הדפנה ואופים במשך חצי שעה או עד שהוא מוכן. מניחים לכיכר להתקרר במשך 20 דקות.

c) מסירים את עלי הדפנה. הופכים בזהירות רבה את הכיכר על צלחת הגשה כך שצד הרוטב כלפי מעלה.

d) מזלפים את מיצי המחבת על הכיכר.

## 61. מרק לימון, קציץ בשר וקישואים

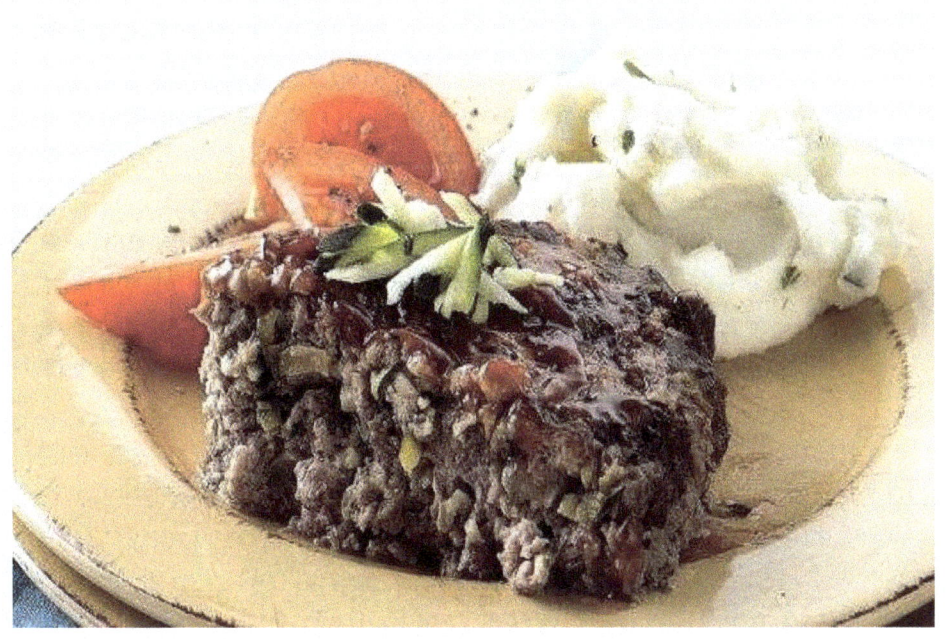

מכינה: 2 מנות

רכיבים:
- 2 כפיות שמן זית
- ¼ כוס בצל קצוץ
- 2 כוסות מרק עוף דל נתרן
- ½ כפית אורגנו מיובש
- 1 כף לימון
- ¼ כוס אורז אינסטנט
- 1 זוקיני קטן; חתוך דק
- פלפל
- 1 פרוסה שארית קציץ בשר

הוראות:
a) קוצצים ¼ חלק מבצל בינוני, צהוב. מחממים את השמן ומטגנים את הבצל עד שהוא רך ורק מתחיל להשחים, כ-8 דקות, מקסימום.
b) הוסף 2 עד 2-½ כוסות של מרק עוף משומר.
c) מוסיפים את האורגנו, משפשפים אותו בין כפות הידיים תוך כדי הוספתו.
d) מסירים את הקליפה מפריזת לימון ומוסיפים את זה.
e) מוסיפים את האורז.
f) מבשלים כ-5 דקות תוך ערבוב.
g) מוסיפים קישואים, מפרידים פרוסות תוך כדי הוספת. מבשלים כ-2 דקות. חותכים שאריות קציץ בשר לחתיכות בגודל ביס ומוסיפים את זה. חם דרך.
h) מגישים עם לחם סובין שיבולת שועל רב דגנים.

## 62. קציץ בשר פירות יבשים

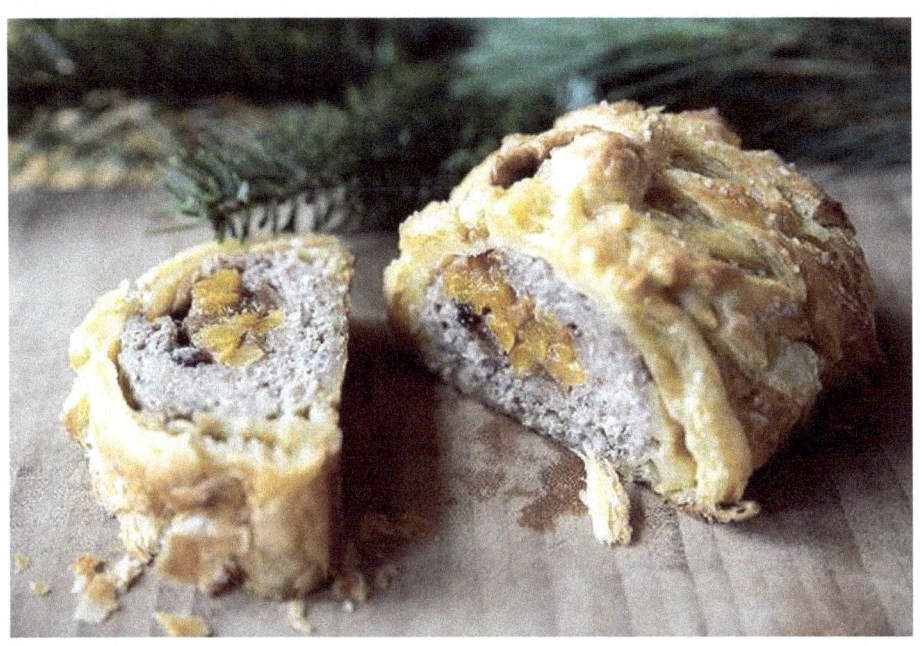

רכיבים:

- 1.5 קילו בשר טחון
- 1 כוס פירורי לחם פנקו
- 3 חופנים פירות יבשים. קוצצים פירות גדולים יותר לחתיכות בגודל צימוקים
- 1 כף ריבה או שימור פירות
- ¼ כפית קינמון טחון טרי
- 1 כף אבקת שום
- ½ כפית כמון
- 1 קורט פפריקה חריפה
- קורט מלח כשר בנדיבות
- ביצה 1

הוראות:

a) מחממים תנור ל-325F.

b) מערבבים את כל החומרים בקערה ומערבבים היטב ביד.

c) מהדקים את התערובת לתבנית קטנה או תבנית אחרת המתאימה לתנור. השתמש בפחות מכל הכלי במידת הצורך כדי להפוך את הכיכר בעובי של לפחות 2 סנטימטרים.

d) אופים שעה אחת עד שהחלק העליון משחים היטב. מניחים להתקרר לפחות 20 דקות לפני ההגשה.

## 63. קציץ בשר תפוחי בקר

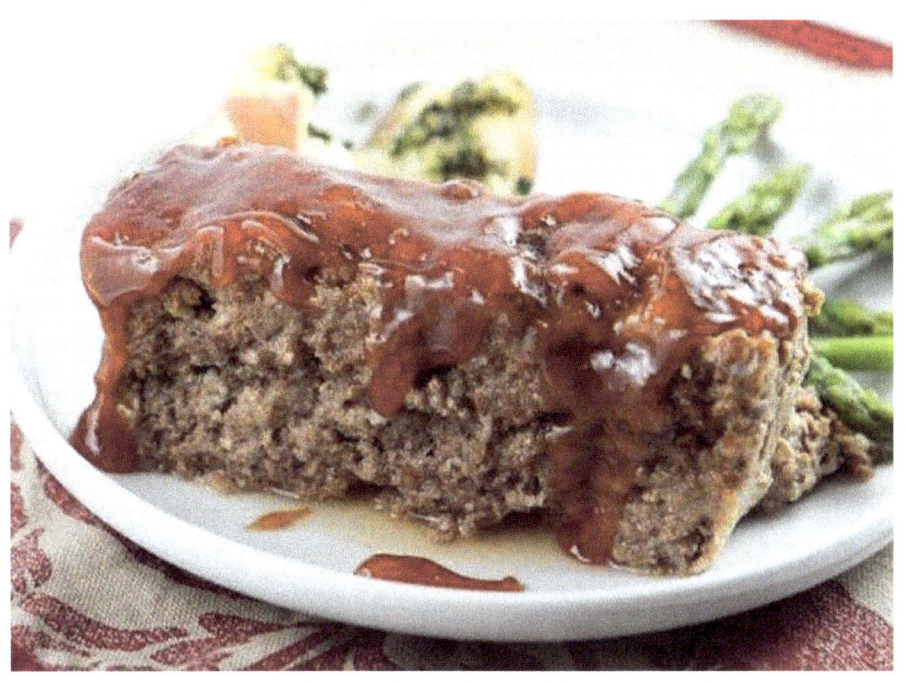

מכינה: 1 מנות

רכיבים:
- 1½ פאונד בשר בקר טחון
- ביצה 1
- ¼ כוס חלב
- ¾ כוס פירורי לחם עדינים
- ¼ בצל; חתוך לקוביות
- מלח ופלפל לפי הטעם
- 2 תפוחים מדיומים; מְגוּרָד
- ½ כף אגוז מוסקט

הוראות:
a)   לחמם את התנור מראש ל -350 מעלות.
b)   מערבבים את כל החומרים.
c)   אופים עד לסיום.

# 64. קציץ בשר עם צימוקים ומשמשים

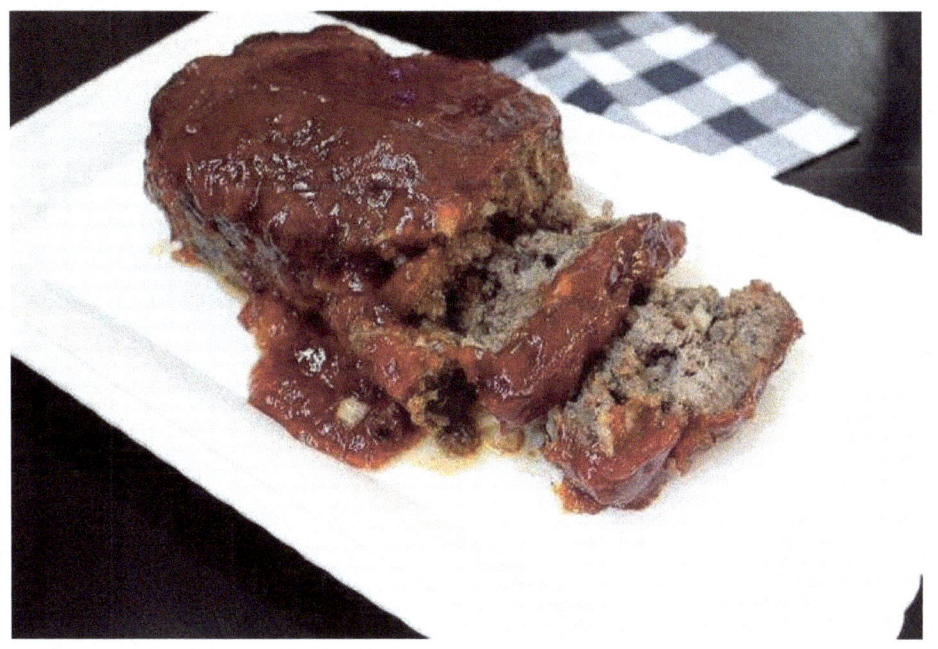

מייצר: 8

רכיבים:

- 1 1/2 פאונד בשר בקר רזה
- 1/2 קילו בשר חזיר רזה טחון
- 2 ביצים טרופות קלות
- 1 כוס פירורי לחם רכים
- 1 1/2 כפיות מלח
- 1/4 כפית פלפל
- 1/2 כוס צימוק כהה
- 1/2 כוס משמש מיובש, קצוץ
- 1/4 כוס פטרוזיליה, קצוצה
- 1/2 כוס בצל, קצוץ
- 1/2 כפית מרווה
- 1/4 כפית טימין
- 1/2 כוס מרק בקר

הוראות:

a) מחממים את התנור ל-350 מעלות F.

b) מערבבים בשר בקר, חזיר, ביצים, פירורי לחם, מלח ופלפל ומערבבים היטב.

c) על חתיכה גדולה של נייר כסף כבד, מפזרים את תערובת הבשר למלבן בעובי של כחצי סנטימטר.

d) מערבבים היטב את שאר החומרים ומורחים את תערובת הפירות על תערובת הבשר.

e) מגלגלים את הבשר והמלית כמו ג'לירול, ואז מעלים את נייר הכסף מעל הכיבר, אוטמים אותו היטב בחלק העליון והצדדים.

f) אופים 30 דקות על נייר אפייה, ואז פותחים את נייר הכסף להשחמה, אופים את הכיבר עוד 30 דקות.

## 65. קציץ בשר אננס

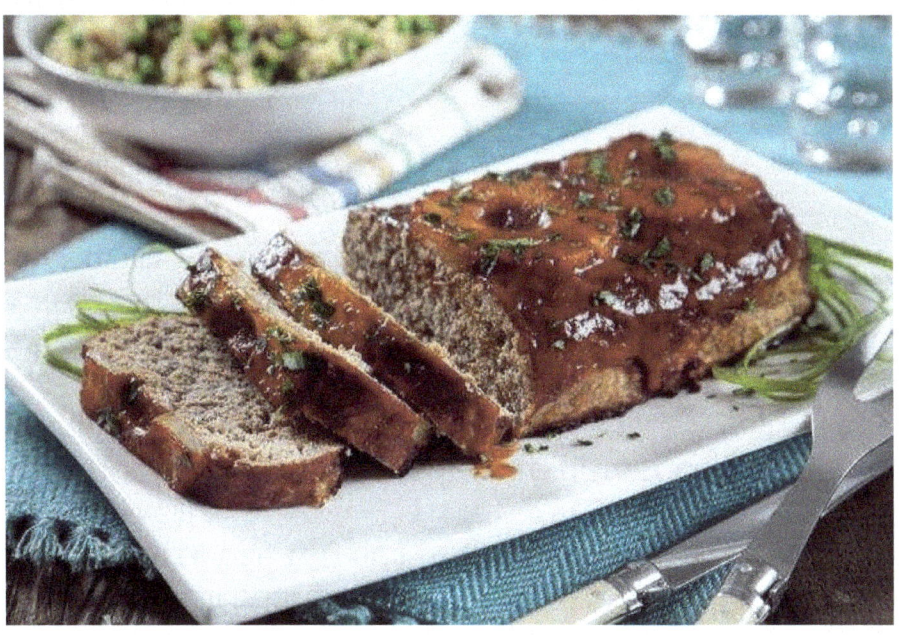

עושה: 6

רכיבים:

- 1 קילו בשר בקר או הודו
- ½ כוס פירורי לחם
- ביצה 1
- 1 ½ כפיות רוטב ווסטרשייר
- ⅓ כוס קטשופ
- ¼ כוס סוכר חום ארוז
- אבקת שום, לפי העדפת הטעם
- ¼ כוס מיץ אננס

הוראות:

a) לחמם את התנור מראש ל -350 מעלות. משמנים קלות תבנית של 8 בתבנית אפייה.

b) בקערה שלבו בשר בקר טחון, פירורי לחם, ביצים, אבקת שום ורוטב ווסטרשייר. מערבבים עד שהכל מתאחד. יוצרים מהבשר כיכר ומניחים בבלי.

c) אופים במשך 30 דקות.

d) בזמן האפייה מקציפים קטשופ, סוכר חום ואננס עד לקבלת תערובת חלקה.

e) מורחים על הבשר ואופים עוד 15-20 דקות או עד לבישול יסודי.

## 66. כיכר אורז אגוזי מלך, בצל וגזר

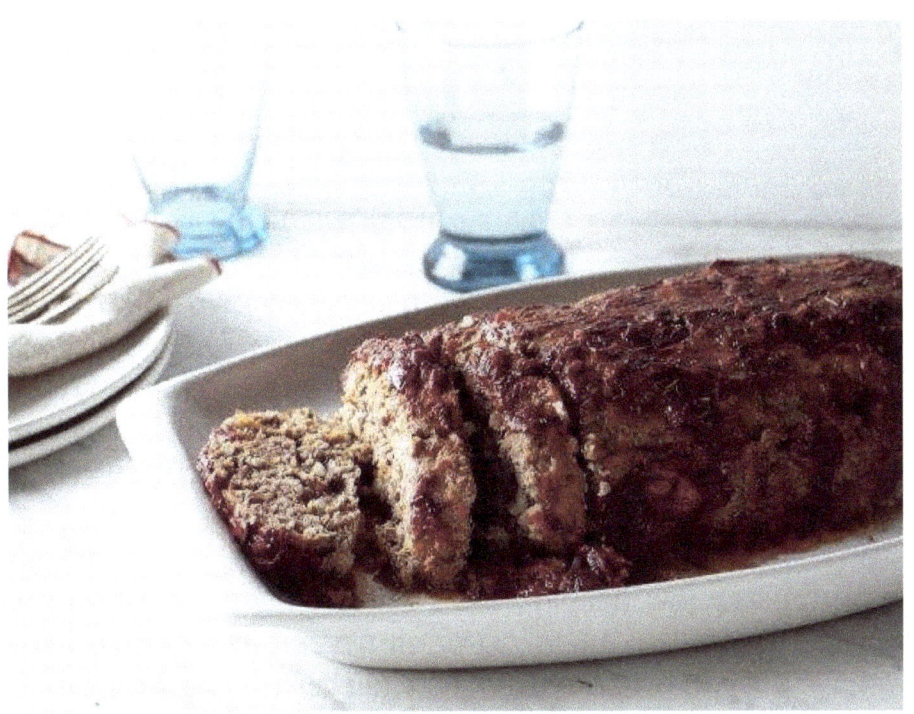

מכינה: כיכר אחת

**הוראות:**
- 1 כף שמן
- 1 כוס בצל קצוץ
- 1 כוס גזר חתוך לקוביות
- מים, אם צריך
- 1¼ כוסות אורז חום מבושל (כל זן)
- 1½ כוסות פירורי לחם מיובשים
- ½ כוס אגוזי מלך קלויים וקצוצים
- ½ כוס טופו משי, טרופה
- ½ כפית אורגנו
- ¼ כפית פלפל
- ¼ כפית אבקת שום

הוראות:

a) מחממים מחבת כבדה על אש בינונית. מוסיפים שמן ובצל ומטגנים את הבצל עד לריכוך. מערבבים פנימה גזר, מכסים ומבשלים עד שהגזר רך. מוסיפים כמות קטנה של מים, במידת הצורך. מסירים מהאש.

b) משמנים קלות תבנית. מערבבים את החומרים בסיר בינוני ומביאים לרתיחה. מנמיכים את האש לבינוני-נמוך ומבשלים במשך 20 דקות תוך ערבוב תכוף. כאשר התערובת סמיכה מאוד וקמח התירס מבושלת, שולפים אותה לתבנית. מורחים להחלקה.

c) מניחים לשבת חצי שעה לפני שפורסים.

d) מטפטפים רוטב אדובו חלק על כל פרוסה.

## 67. כיכר פולנטה דרום-מערבית

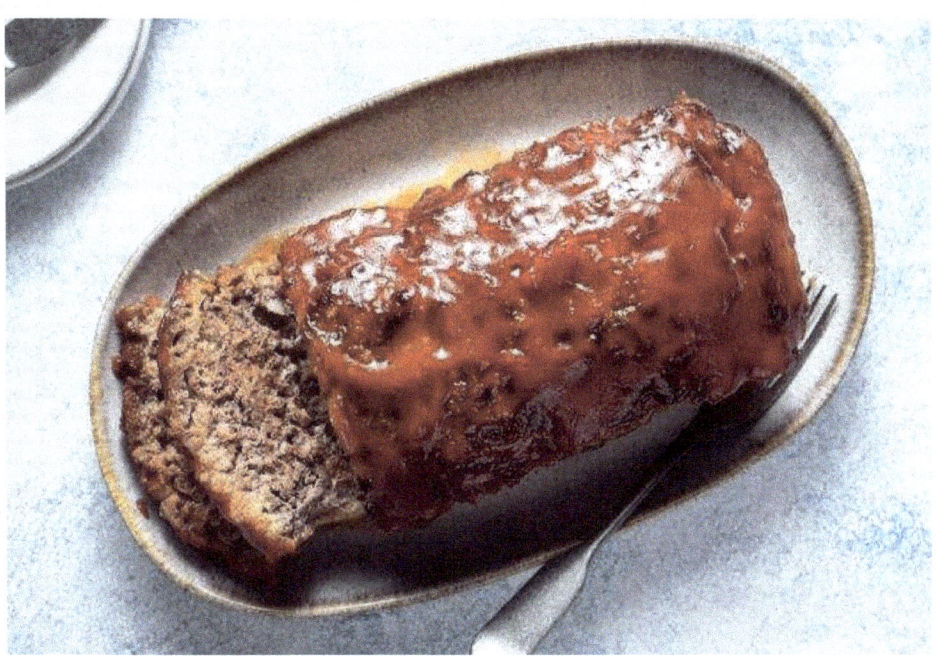

מכינה: כיכר אחת

**הוראות:**

- תרסיס שמן צמחי
- 3 כוסות מים
- ¾ כוס פולנטה (קמח תירס גס)
- 3-2 כפות רוטב אדובו או סלסה
- ¼ כפית מלח
- 1 כוס תירס קפוא או תירס מגורדים טריים מהקלח
- ½ כוס עגבניות מיובשות קצוצות רוטב אדובו חלק

הוראות:

a) השתמשו בתבנית לחם בגודל 9 x 5 אינץ', תבניות קטנות יותר למנות אישיות, או תבנית אפייה מרובעת.
b) שמן או נייר פרגמנט מרופד תבנית לחם מבטיח הסרה קלה.
c) איזון מרכיבים כבדים עם רכיבי דגנים מלאים מבושלים קלים, כגון אורז, קינואה או דוחן, או פירורי לחם. שעועית, תפוחי אדמה, בטטה וטופו מוסיפים לחות וכבדות.
d) פירורי לחם וזרעי פשתן טחונים מעורבבים במים עוזרים ליצור כיכר יותר ניתנת לפרוסות. טוחנים את זרעי הפשתן שלכם במטחנת תבלינים או קפה נקייה.
e) כדי להחליף מלח, נסה להוסיף דולס קצוץ, זיתים קצוצים או צלפים.
f) כדי להעניק טעם מעושן, הוסף רוטב אדובו או אבקת צ'ילי צ'יפוטלה.
g) לקראנץ', קולים קלות אגוזים שונים או חמניות או שומשום. לערבב מיד לפני האפייה.
h) בצל מקורמל מוסיפים גוונים מתוקים. אם אתם לא אוהבים בצל, מטגנים קלות גזר או פלפל אדום, או הוסיפו מעט בטטות. אפשר גם לסחוט כמות זעירה של נקטר אגבה כדי לאזן את שאר הטעמים.
i) אם אינכם בטוחים אם הכיכר עשויה, עדיף לאפות אותה עוד 5 דקות. המתן 10 דקות לפני שמוציאים מהתבנית.
j) כיכרות יבשות מטבען ומחייבות תוספת, בין אם רוטב, רוטב פסטה, סלסה, רוטב ברביקיו, או אפילו ירקות מוקפצים.

## 68. כיכר פקאן-עדשים

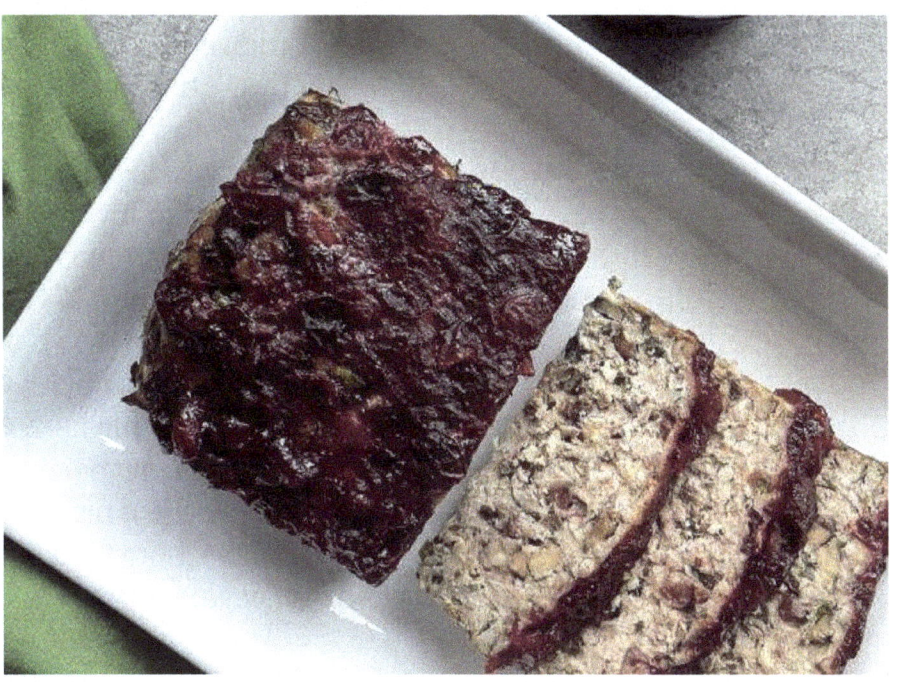

מכינה: כיכר אחת

**הוראות:**

- 1 כוס עדשים אדומות
- 1½ כוסות מים
- 1½ כפיות שמן
- ½ כוס בצל קצוץ דק
- 6 פטריות קצוצות גס
- ¼ כפית אבקת שום
- ⅛-¼ כפית קאיין
- ½ כפית מלח
- 1 כוס כוסמת גולמית מבושלת
- 3-2 כפות רסק עגבניות או רוטב אדובו חלק
- תרסיס שמן צמחי, במידת הצורך
- 2 כפות זרעי פשתן טחונים
- 6 כפות מים 1 כוס פירורי לחם
- ½ כוס אגוזי פקאן או אגוזי מלך קלויים קלות קצוצים

הוראות:

a) מערבבים עדשים ומים בסיר בינוני. מביאים לרתיחה, מנמיכים את האש ומבשלים 20 דקות או עד שהעדשים רכות והמים נספגים.
b) מוסיפים עוד מעט מים בזמן שהעדשים מבשלות, אם צריך.
c) בזמן שהעדשים מתבשלות מחממים מחבת על אש בינונית. מוסיפים שמן, בצל ופטריות.
d) מכסים במכסה שמתאים ישירות על הבצל והפטריות ומזיעים את הבצל עד לריכוך.
e) מסירים את המכסה ומוסיפים אבקת שום, קאיין ומלח. ממשיכים לערבב ולבשל עד שהפטריות רכות ושחררו את המיצים שלהן.
f) כשהעדשים מוכנות והמים נספגו, מסירים מהאש, מערבבים ומועבים.

## 69. כיכר חומוס

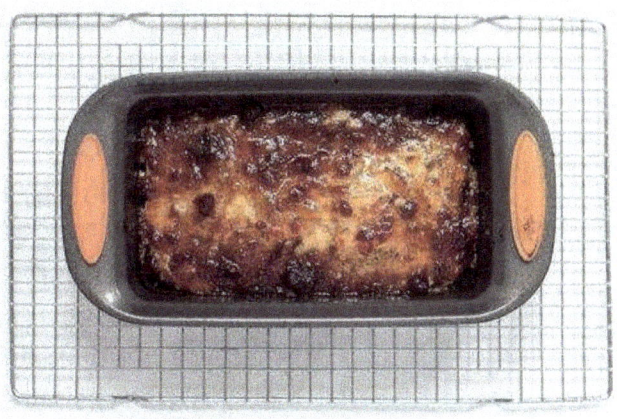

מבינה: כיכר אחת

**הוראות:**

- פחיות חומוס גדולות, השתמשו בשתי פחיות של 15 אונקיות. עמילן תפוחי אדמה עוזר להחזיק את הכיכר הזו ביחד.
- 3 כפות זרעי פשתן טחונים
- ½ כוס מים קרים
- 1 כף שמן
- 1 בצל, חתוך לקוביות
- תרסיס שמן צמחי, במידת הצורך
- קופסת חומוס אחת של 25 אונקיה (גרבנזוס), מרוקן ושטוף
- ¼ כוס רוטב צ'יפוטלה ברביקיו או רוטב אדובו חלק
- 2 כפות עמילן תפוחי אדמה
- 1 כוס קרקרים מרוסקים, כגון מלוחים
- ¼ כוס זיתים שחורים קצוצים
- ½ כוס אגוזי מלך או אגוזי פקאן קלויים קלות

הוראות:

a) מערבבים את זרעי הפשתן והמים הקרים בבלנדר או בבלנדר ידני. מערבלים על גבוה עד שהמרקם סמיך מאוד.

b) מחממים מחבת כבדה על אש בינונית. מוסיפים שמן ובצל ומערבבים. מניחים מכסה ישירות על הבצל ומזיעים עד שהבצל שקוף. מסירים את המכסה וממשיכים לבשל עד שהבצל מזהיב.

c) בינתיים מחממים תנור ל-350 מעלות. משמנים תבנית או מרפדים אותה בנייר אפייה. מערבבים את החומוס והרוטב בקערה גדולה. מועכים היטב את החומוס עם מועך תפוחי אדמה. מפזרים עמילן תפוחי אדמה וקרקרים על חומוס. מערבבים, ואז מוסיפים זיתים ואגוזים. כשהכל מתערבב, מערבבים פנימה את תערובת זרעי הפשתן-מי הפשתן.

d) מהדקים את התערובת לתבנית. אופים במשך שעה או עד להשחמה מלמעלה. מוציאים את הכיכר מהתנור ולאחר מכן מהתבנית. אם הכיכר זקוקה לבישול נוסף, ניתן להעמיד אותה על מסך פיצה ולהחזיר אותה לתנור לכמה דקות.

e) בסיום, הניחו לו לשבת 15-20 דקות לפני שפורסים. למעלה עם הרוטב האהוב עליך, רוטב עגבניות או רוטב אדובו.

## 70. שעועית, כיכר דוחן עם בטטה ופטריות

מכינה: כיכר אחת

**הוראות:**

- 1 כוס פטריות קצוצות
- 1 כף שמן
- 1 כוס בטטה חתוכה לקוביות
- מים, אם צריך
- ½ כוס טופו משי
- 2 כפות סלסה (לא חובה)
- 2 כפות עמילן תפוחי אדמה
- פחית אחת של 15 אונקיה שעועית אדומה, סחוטה ושטופה
- ½ כוס דוחן מבושל
- 1 כוס לחם שיפון חתוך לקוביות קטנות
- ½ כוס תירס קפוא מופשר או תירס מגורד טרי מהקלח
- 1 כפית רוזמרין קצוץ
- ½ כפית מלח
- ½ כוס אגוזים קלויים קצוצים דק, כל זן (לא חובה)

הוראות:

a) מחממים מחבת כבדה על אש בינונית-גבוהה. מוסיפים פטריות ומטגנים יבשים עד שהן משחררות את המיצים שלהן. הפחיתו את החום.

b) מוסיפים שמן ובטטה, מכסים ומבשלים עד שהבטטה רכה.

c) מוסיפים מעט מים, אם צריך, כדי שתפוחי אדמה לא יידבקו. כאשר תפוחי האדמה והפטריות מוכנים, הסר כחצי כוס ושלב עם טופו, סלסה ועמילן תפוחי אדמה. מערבבים היטב. לְהַפְרִישׁ.

d) לחמם את התנור מראש ל -350 מעלות. מרפדים את תבנית האפייה בנייר אפייה. בקערת ערבוב גדולה, מערבבים את השעועית האדומה, הדוחן ולחם השיפון ומועבים יחד עד לתערובת אחידה.

e) מערבבים את תערובת הטופו, התירס, הרוזמרין, המלח והאגוזים.

f) מערבבים היטב. מורחים מחצית מהתערובת הזו לתוך תבנית הכיכר.

g) מניחים מעל השכבה את יתרת הפטריות והבטטה, ולאחר מכן מורחים מעל את יתרת השעועית והדוחן. ללטף את. אופים במשך 45 דקות.

h) מוציאים מהתנור והופכים על רשת צינון לצינון.

## 71. כיכר לחם עגבניות צלוי אש

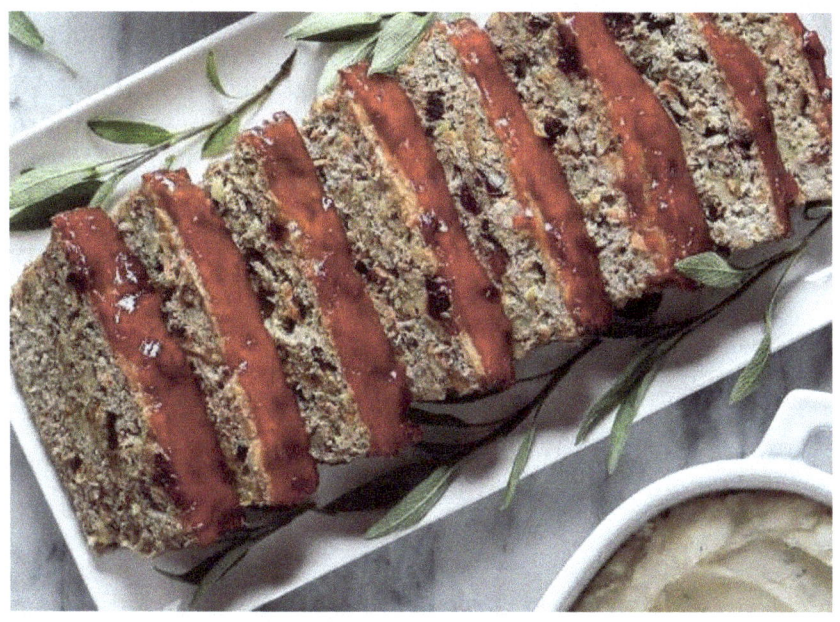

מכינה: 1 צלחת אפייה

**הוראות:**

- 2 כפות שמן
- 1 בצל צהוב קטן, קלוף וקצוץ
- 1 כוס פטריות קצוצות
- 3 שיני שום סחוצות או ¼ כפית אבקת שום
- קורטוב של רוטב חריף
- פחית אחת של 28 אונקיות עגבניות צלויות או חתוכות לקוביות רגילות
- 4 כוסות גדושות לחם אומן חתוך לקוביות
- ½ כף נקטר אגבה או סירופ מייפל
- 2 כפיות בזיליקום מיובש
- ½ כפית מיורן מיובשת
- ½ כפית מלח
- תרסיס שמן צמחי להכנת מחבת

הוראות:

a) מחממים שמן ומטגנים בצל עד לריכוך. מוסיפים פטריות.

b) ממשיכים לבשל עד שהפטריות רכות ומשחררות את המיצים שלהן.

c) בקערת ערבוב גדולה מערבבים את תערובת הבצל והפטריות עם שאר החומרים. מערבבים היטב. הניחו למרכיבים לשבת חצי שעה לפני האפייה.

d) לחמם את התנור מראש ל-350 מעלות.

e) מניחים את התערובת בתבנית אפייה משומנת קלות בגודל 8 x 8 אינץ' ואופים במשך 30 דקות או עד להתייצבות.

## 72. קציץ בשר טבעוני

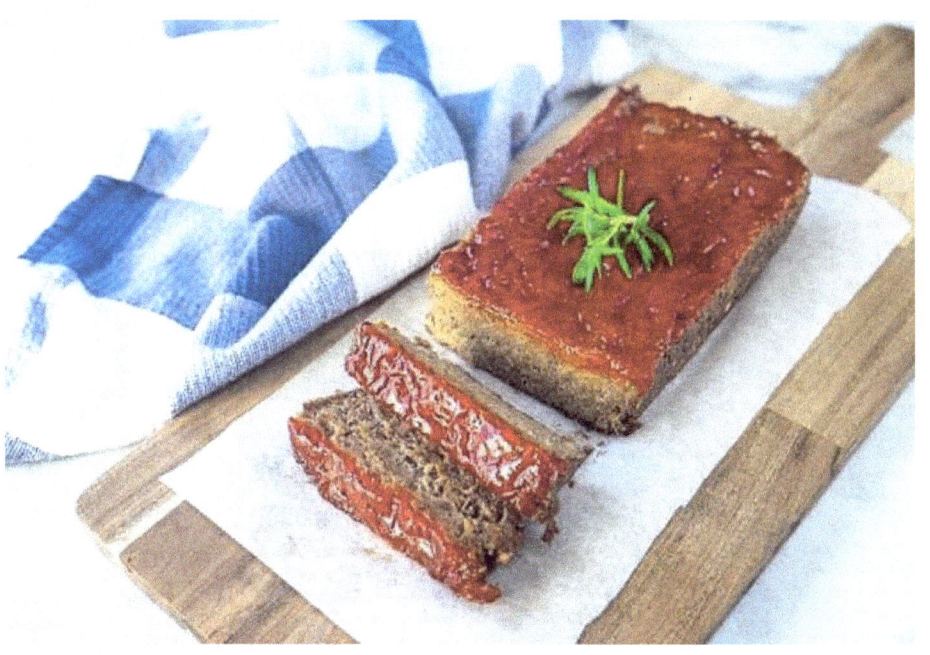

מכינה: 8 מנות

**רכיבים:**

- 2 כפיות שמן קוקוס, או כל שמן
- ¼ כוס בצל אדום קצוץ
- 2 גבעולי סלרי, קצוצים
- 5 שיני שום, קצוצות
- 15 אונקיות קופסת חומוס, סחוטה ושטופה היטב
- 1 ¾ כוס עדשים חומות טריות מבושלות
- 2 כפיות עשן נוזלי
- 2 כפיות רוטב ווסטרשייר טבעוני
- 1 ¼ כוסות פירורי לחם, ללא גלוטן במידת הצורך
- ½ כפית מלח ים
- ½ כפית פלפל שחור גרוס
- 3 כפות רסק עגבניות
- ½ כפית טימין

**זיגוג עגבניות**

- 2 כפות רסק עגבניות
- 2 כפיות חומץ תפוחים
- 1 כף סירופ מייפל, או אגבה או ממתיק נוזלי
- ¼ כפית מלח ים

**הוראות:**

**זיגוג עגבניות**

a) מערבבים את רסק העגבניות, חומץ תפוחים, סירופ מייפל ומלח ים בקערה קטנה ומניחים אותו בצד עד שתזדקקו לו.

**קציץ בשר**

b) חממו מראש את התנור ל-190°C/375°F מעלות.

c) מכינים כיכר על ידי ריפוד בנייר אפייה כך שיהיה תלוי על הצדדים.

d) במחבת על אש בינונית מחממים את השמן.

e) מוסיפים את השום, הבצל האדום והסלרי. מטגנים עד שהבצל שקוף, הסלרי התרכך והשום ריחני כ-5 דקות.

f) בקערה גדולה מוסיפים את כל המרכיבים.

g) מערבבים מעט עם כף עץ. אני מוצא שזה עוזר לפזר את החומרים הנוזליים באופן שווה בין השעועית ופירורי הלחם.

h) במעבד מזון, מוסיפים את כל המרכיבים מהקערה. יש לי מעבד מזון של 10 כוסות, אז אם שלך קטן יותר, אולי כדאי לשים אותו במרווחים. דופק כמה פעמים עד שהכל מתחיל להתאחד.

i) יוצקים/גורפים את התערובת לתבנית המרופדת בנייר אפייה. החלק את החלק העליון עם המרית. יוצקים על הזיגוג שלך מקודם, מחליקים אותו עם כף או מרית.

j) אופים במשך 45 דקות עד 60 דקות. הכיכר שלי הסתיימה בסביבות 55 דקות. זה מוכן אם קיסם יוצא ברובו נקי.

k) מוציאים מהתנור ומניחים להתקרר במשך 10 דקות. מוציאים מתבנית הלחם ופורסים ומגישים. תהנה!

## 73. כוסות קפרזה של טורקיה

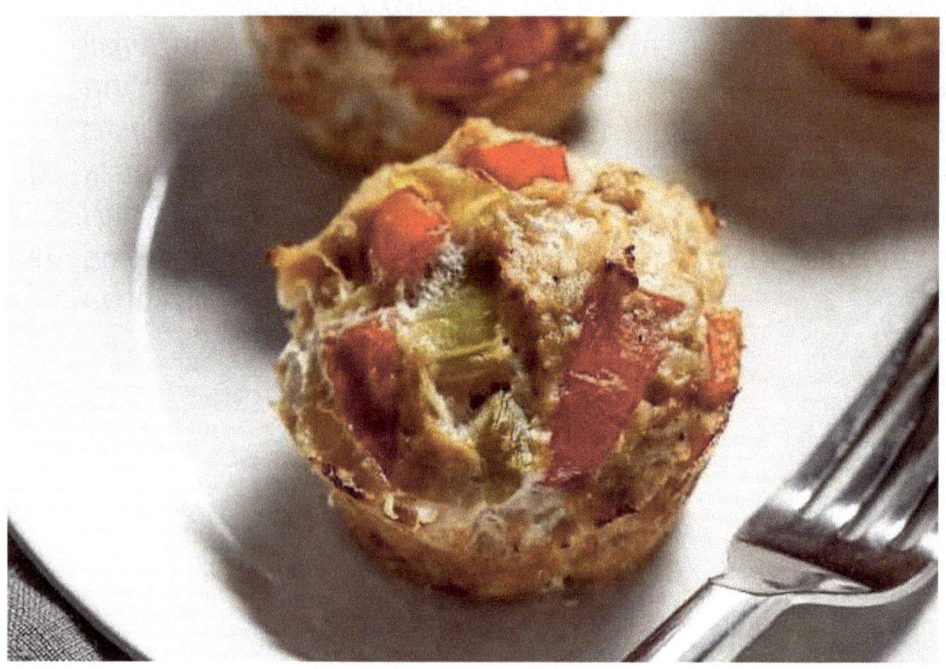

עושה: 6

רכיבים:
- 2 קילו חזה הודו טחון
- ביצה 1 גדולה
- ¼ כוס עלי בזיליקום טריים, קצוצים
- 3 חתיכות עגבניות מיובשות
- ¼ כפית מלח ו-½ כפית פלפל, לפי הטעם
- 5 אונקיות מוצרלה טרייה דלת שומן, מגוררת
- ½ כפית אבקת שום

הוראות:
a) מחממים את הפטם ל-400 מעלות צלזיוס.
b) מקציפים את הביצה במחבת ערבוב גדולה.
c) מוסיפים את הרכיבים ומערבבים הכל בידיים עד לקבלת תערובת אחידה.
d) מרססים תבנית של 12 כוסות מאפינס ומפזרים את תערובת ההודו בין כוסות המאפינס, דוחסים את התערובת פנימה. מבשלים בתנור שחומם מראש עד שההודו מבושל היטב כ-25-30 דקות.
e) מצננים את כיכרות הבשר במלואן ומאחסנים אותן בקופסה במקפיא למשך כחמישה ימים.

## 74. בצל ממולא מיני קציצות בשר

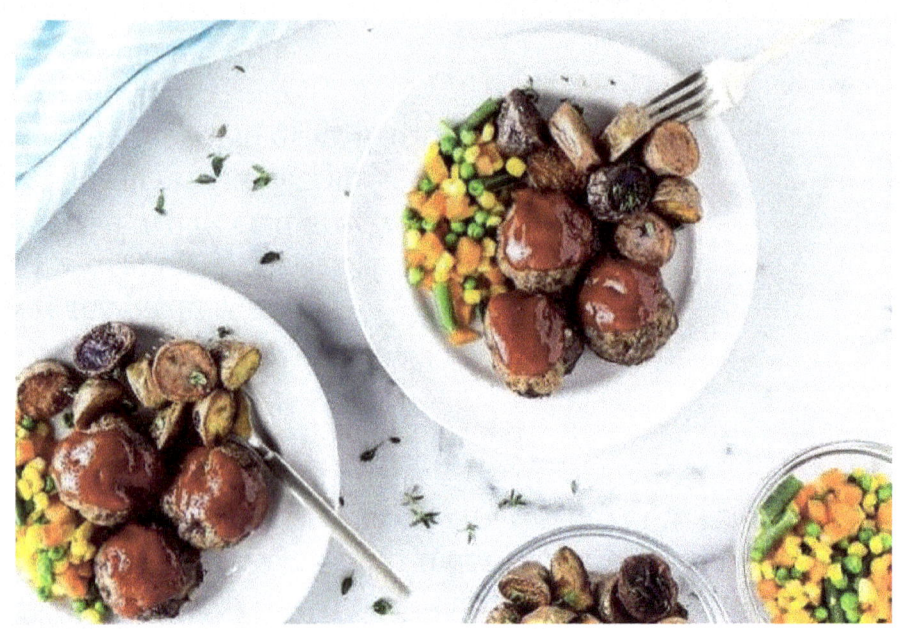

רכיבים:
- 1 קציץ בשר
- 4 - 6 בצלים, תלוי בגודל; חלולה

הוראות:
a) מחללים את אמצע הבצלים.
b) ערבבו את קציץ הבשר האהוב עליכם באמצעות בשר הבקר הרזה ביותר.
c) ממלאים את הבצל בכמה שיותר תערובת המבורגר שתתאים.
d) מניחים בצל באמצע פיסת נייר כסף מרובעת.
e) משוך את דפנות נייר הכסף למעלה וסובב.
f) מבשלים על גריל ברביקיו עד שהבקר כבר לא ורוד, בדרך כלל 45 דקות בערך, תלוי בגודל הבצל. אפשר לערבב, למלא ולהקפיא בבית.
g) כנסו לצידנית, ואלה יהיו מוכנים לבישול באותו לילה!

## 75. מאפינס קציץ בשר הודו

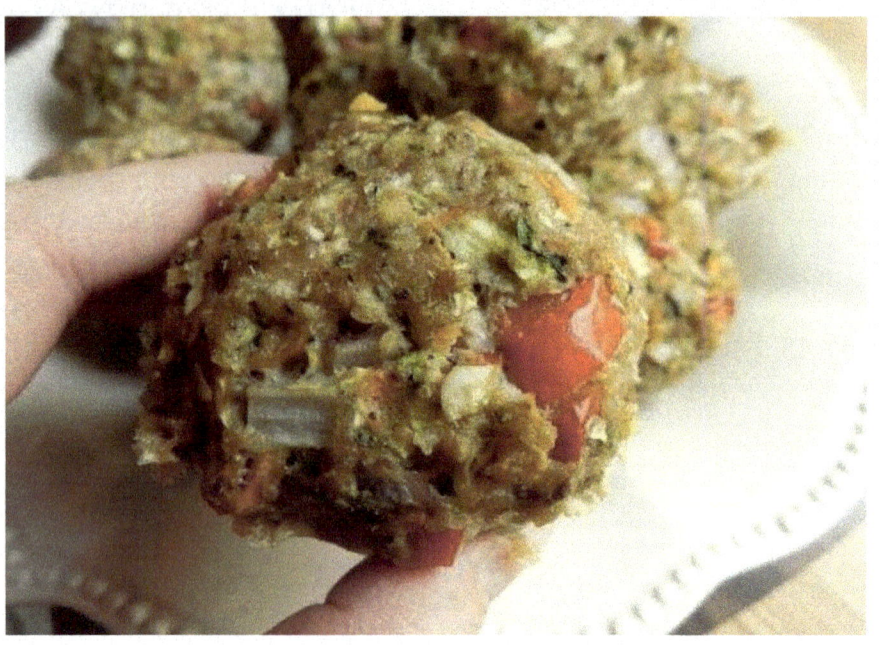

מכינים: 24 מיני מאפינס קציצות בשר

רכיבים:

- 20 אונקיות (600 גרם) חזה הודו טחון רזה במיוחד
- ½ כוס (120 גרם) חלבוני ביצה
- ½ כוס (40 גרם) שיבולת שועל
- 1 כפית חרדל צהוב
- 1 כפית חרדל דיז'ון
- 1 כוס (40 גרם) תרד קצוץ
- ½ כוס (80 גרם) בצל
- ¼ כוס (45 גרם) פלפל אדום
- ¼כוס (25 גרם) סלרי
- 1 כפית שום טחון
- ½ כפיות אבקת שום מלח ופלפל לפי הטעם

הוראות:

a) מחממים תנור ל-(180C) 350F.
b) מערבבים את כל החומרים בקערה.
c) מחלקים את תערובת הבשר לתבנית מיני מאפינס מרוססת בתרסיס בישול - כף עוגיות 1-כפות עובדת היטב לפיזור.
d) אופים כ-15-20 דקות.
e) מחזיק 5 ימים במקרר, או 3-4 חודשים במקפיא.

## 76. מיני כיכרות בשר וושינגטון

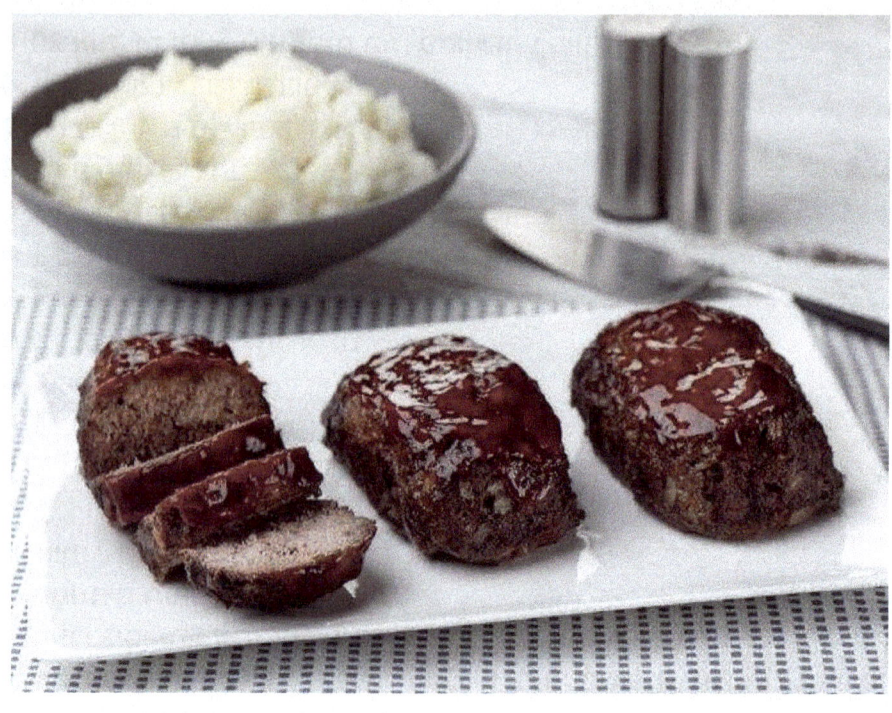

עושה: 4

רכיבים:
- 1 קילו בשר בקר רזה
- 2 כפות בצל קצוץ דק
- 1 מעטפה תיבול חום של ג'ורג' וושינגטון
- 2 ביצים
- ¾ כוס פירורי לחם רגילים, מחולקים
- 2 עד 3 כפות חלב

הוראות:
a) שומרים ¼ כוס מפירורי הלחם לציפוי. בקערה גדולה מערבבים את חצי הכוס הנותרת של פירורי הלחם עם שאר המרכיבים.
b) יוצרים 4 עד 5 קציצות. חורצים כל קציצה עם פירורי לחם מכל הצדדים. מכסים ומקררים כ-30 דקות.
c) מחממים מחבת גדולה וכבדה על אש בינונית. מוסיפים 2 כפות שמן זית ומחממים עד שהשמן מנצנץ.
d) משחימות קציצות משני הצדדים על אש בינונית.
e) מנמיכים את האש, מוסיפים כף מים, מכסים היטב ומבשלים על אש נמוכה במשך 10 עד 15 דקות או עד שהטמפרטורה הפנימית היא 160 מעלות F.

## 77. מאפינס קציץ בשר

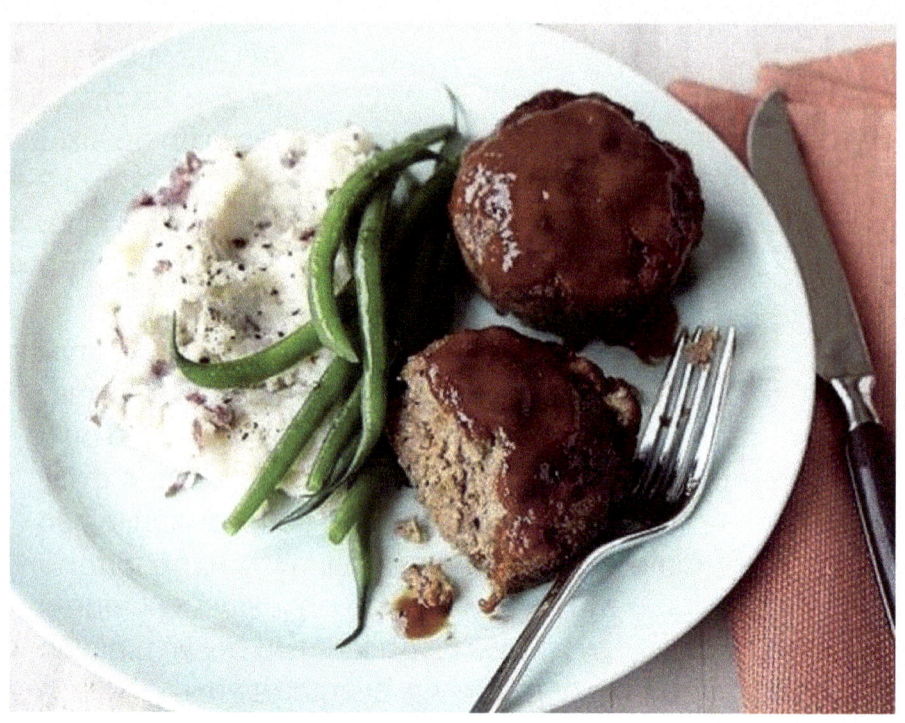

## רכיבים:

- 1 קילו בשר בקר טחון
- 1 כוס תרד קצוץ
- 1 ביצה גדולה, טרופה קלות
- ½ כוס גבינת מוצרלה מגוררת
- ¼ כוס גבינת פרמזן מגוררת
- ¼ כוס בצל צהוב קצוץ
- 2 כפות פלפל זרע וג'לפניו טחון

## הוראות:

a) מחממים תנור ל-350 מעלות צלזיוס. משמנים קלות כל שקע בתבנית מאפינס.

b) מערבבים את כל החומרים בקערה גדולה ומערבבים בעזרת הידיים.

c) גורפים חלק שווה מתערובת הבשר לכל תבנית מאפינס ולוחצים קלות. אופים 45 דקות או עד שהטמפרטורה הפנימית מגיעה ל-165 מעלות.

## 78. מלית קורדון בלו אספרגוס

רכיבים:

- 6 פרוסות בשר חזיר מהעצם
- 6 פרוסות גבינה שוויצרית מיובאת
- 8 פרוסות אספרגוס קטנות דקות
- צנצנת קטנה של רוטב אלפרדו או פסטו

הוראות:

a) מחממים תנור ל-350 מעלות צלזיוס. שכבו בשר חזיר וגבינה פרוסה אחת על גבי השנייה.
b) מניחים חניתות אספרגוס בקצה אחד של בשר חזיר וגבינה ומגלגלים לתוך בול עץ.
c) הוסף ½ כוס מים למחבת כיכר הבשר שלך. מניחים את סיר השומן בתבנית ומוסיפים חצי מקציץ הבשר לתבנית. בעזרת החלק הרב-שכבתי של הכיסוי לוחצים לבשר.
d) הוסף יומן מלית בתוך החלל, הוסף את יתרת קציץ הבשר לתבנית ולחץ בחוזקה כלפי מטה עם הצד השטוח של הכיסוי.
e) מכניסים לאמצע התנור ומבשלים שעה. פורסים את הכיכר למנות בגודל יפה.
f) מעל עם רוטב אלפרדו או פסטו ובן תיאבון!

## 79. מלית ברוקולי גבינה

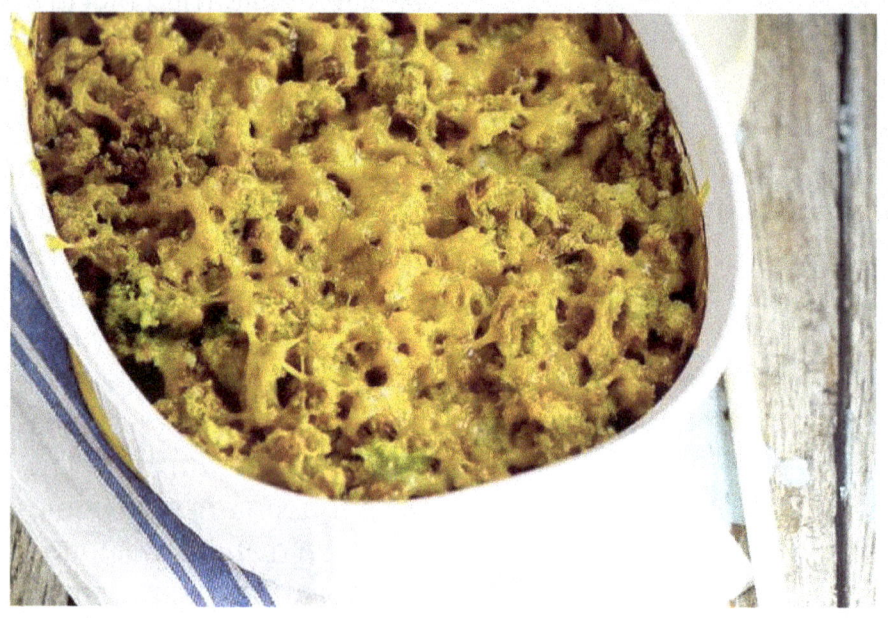

רכיבים:

- 1 ½ כוס תערובת מלית בטעם עשבי תיבול
- 1½ כוס ציר עוף
- 1 כוס ברוקולי מבושל, קצוץ
- ½ כוס בצל פנינה
- 1 כוס שמנת לא מדוללת של מרק עוף
- ½ כוס צ'יז וויז

הוראות:

a) מחממים תנור ל-350 מעלות צלזיוס. בקערת ערבוב גדולה מוסיפים את כל החומרים. בעזרת כף עץ או מזלג מערבבים יחד.

b) הוסף ½ כוס מים למחבת קציצות הבשר שלך. מניחים את סיר השומן בתבנית ומוסיפים חצי מקציץ הבשר לתבנית.

c) בעזרת החלק הרב-שכבתי של הכיסוי לוחצים לבשר.

d) הוסיפו מלית בתוך החלל, הוסיפו את שארית קציץ הבשר לתבנית ולוחצים בחוזקה כלפי מטה עם הצד השטוח של הכיסוי.

e) מכניסים לאמצע התנור ומבשלים שעה.

## 80. מְלִית

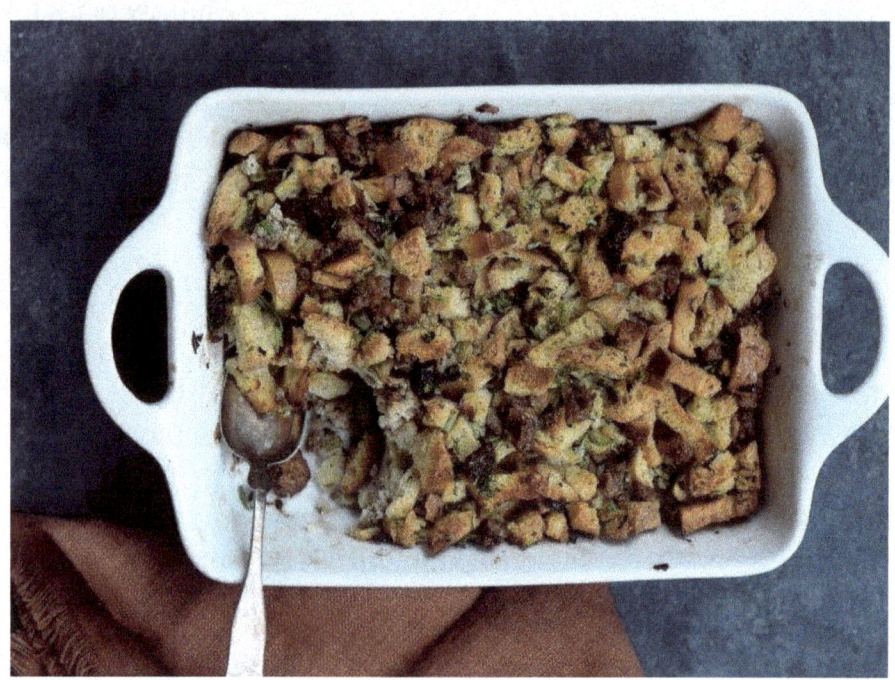

## רכיבים:

- 1 בצל קטן
- 1 מקל סלרי
- שמן זית
- חצי קילו בשר נקניק
- ½ כוס תפוחים קצוצים
- 2 כוסות פירורי לחם
- ½ כוס מים חמים או חמין
- מלח ופלפל

## הוראות:

(a) מחממים תנור ל-350 מעלות.

(b) מטגנים את הבצל, הסלרי והנקניק בשמן זית.

(c) מערבבים לעתים קרובות עד שמתחיל להשחים, בערך 10 דקות.

(d) מוסיפים לקערה עם פירורי לחם; מערבבים פנימה מלח ופלפל.

(e) מטפטפים פנימה מים חמים או חמין ומערבבים בעדינות. לתת להתקרר.

(f) מוסיפים תפוחים לתערובת הלחם; מקפלים בעדינות עד לאיחוד יסודי.

(g) מעבירים לכלי מוכן, מכסים בנייר כסף ואופים כ-40 דקות.

(h) המשך לאפות את הרוטב, ללא כיסוי, עד להתייצבות והחלק העליון שחומים ופריכים, 40-45 דקות יותר.

## 81. מלית הודו

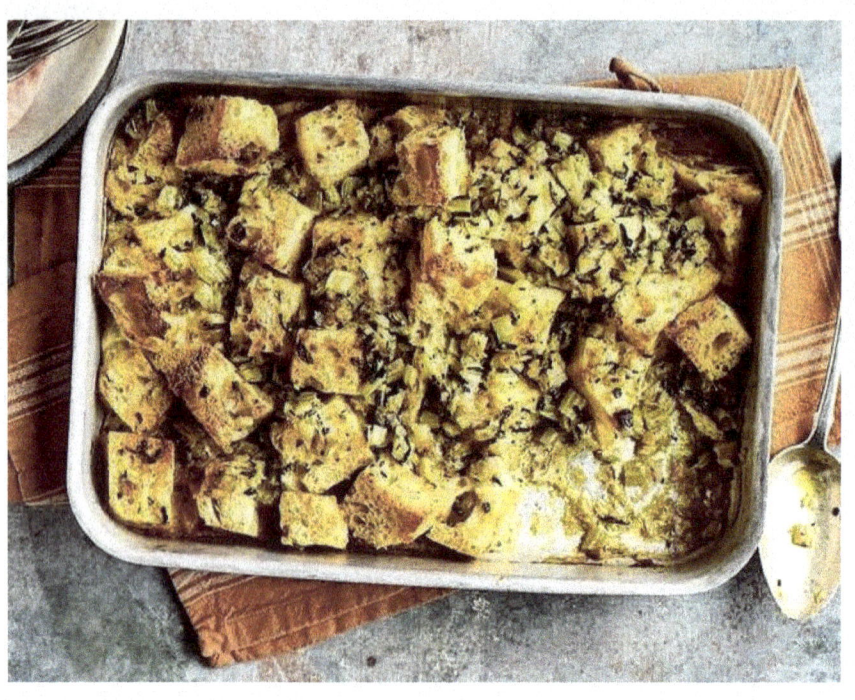

רכיבים:
- 1 כף חמאה (חצי מקל).
- 2 כוסות פירורי לחם שיפון (או כל פירורי לחם לא מתובלים)
- ½ כוס סלרי קצוץ
- 1 כוס שקדים/קשיו (קצוצים דק)
- ⅓ כוס בצל קצוץ דק
- 1 כף תיבול עופות (תיבול סטייק לברווז)
- 2 כפות יין אדום
- ½ כוס עשב חיטה קצוץ או עירית

הוראות:
a) ממיסים את החמאה על כיריים על אש נמוכה או במיקרוגל על טמפרטורה נמוכה.
b) לאחר שהחמאה נמסה, מערבבים את כל החומרים יחד ומכניסים לציפור לפני הבישול.

## 82. אולה נאמן

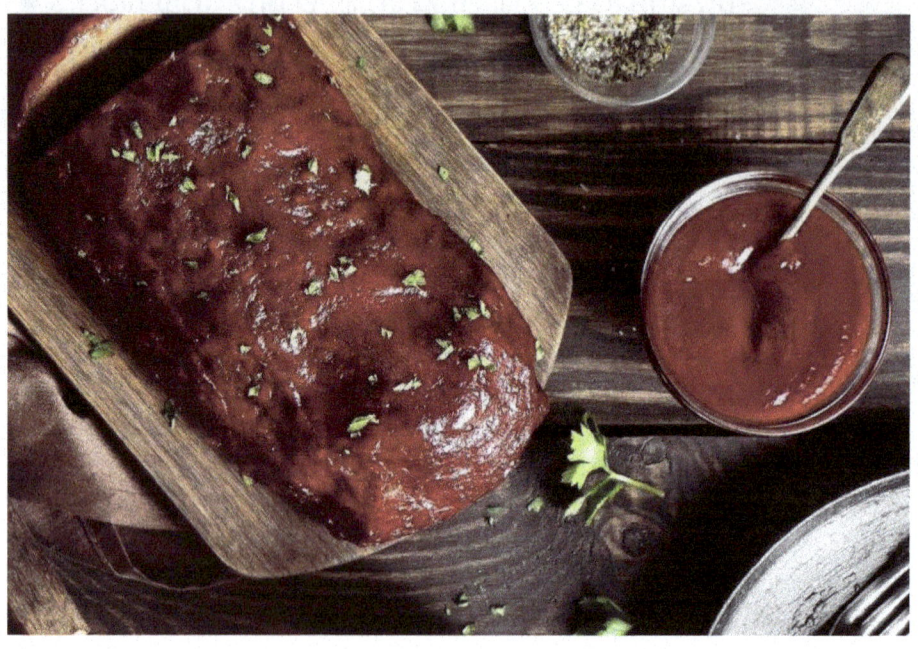

רכיבים:

- ¼ כוס קטשופ
- ¼ כוס רוטב טריאקי
- 1 כף ג'ינג'ר טחון
- 1 כף שום טחון
- 1 כף אבקת בצל
- 1 כפית חרדל יבש

הוראות:

a) בקערה קטנה מערבבים את כל החומרים יחד עד שהסוכר נמס.

b) טועמים ומתקנים תבלינים, מניחים בצד ומצננים. מברישים מעל כל קציץ בשר 10 דקות לפני סיום הבישול.

## 83. מרמלדת תפוזים

רכיבים:
- 1 כוס מרמלדת תפוזים
- ¼ כוס מיץ תפוזים סחוט טרי
- ½ כפיות גרידת תפוז
- 1 כף שום טחון
- ¼ כוס חרדל חום
- 2 כפות דבש

הוראות:
a) בקערה קטנה מערבבים את כל החומרים יחד עד שהסוכר נמס.
b) טועמים ומתקנים תבלינים, מניחים בצד ומצננים.
c) מברישים מעל כל קציץ בשר 10 דקות לפני סיום הבישול.

## 84. רוטב אדובו חלק

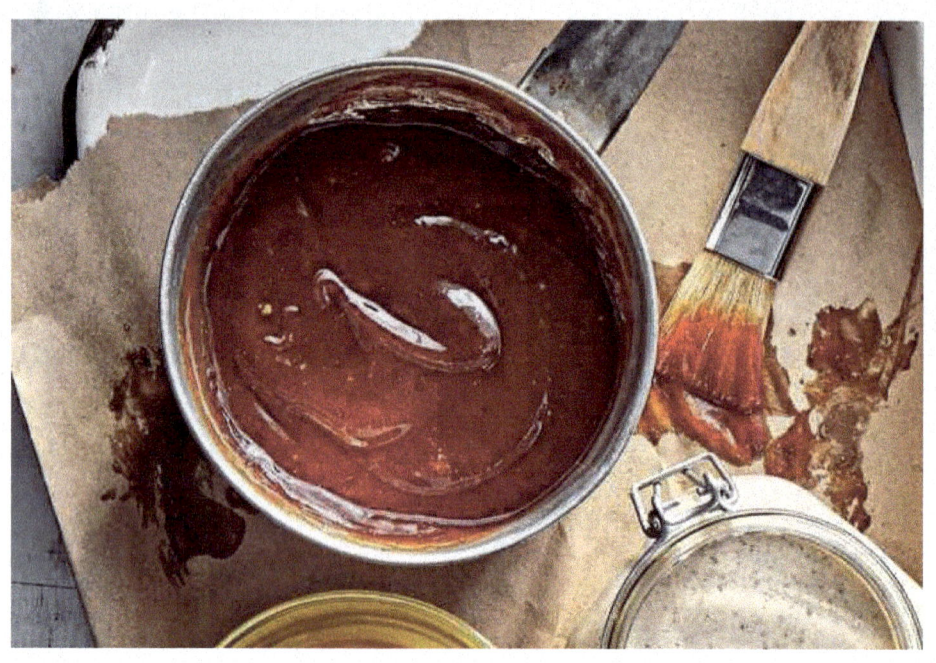

מכינה: 1¼ כוסות

רכיבים:
- 5 צ'ילי צ'יפוטלה מיובשים
- ½ בצל אדום או צהוב, טחון
- ¼ כוס אורז או חומץ סיידר
- ¼ כוס קטשופ
- 2 שיני שום סחוצות
- ¼ כפית מלח
- 2½-3 כוסות מים

הוראות:
a) מערבבים את כל החומרים בסיר קטן. להביא לרתיחה.
b) מנמיכים את האש ומבשלים במשך שעתיים או עד שהרוטב מצטמצם בחצי. מוציאים צ'ילי מהרוטב, מסירים גבעולים ומוסיפים צ'ילי בחזרה לרוטב.
c) טוחנים את כל מרכיבי הרוטב בבלנדר.
d) מניחים רוטב בכלי זכוכית, מכסים ומקררים. הרוטב חם ומתובל, אז מוסיפים במשורה.

## 85. רוטב ברביקיו של צ'יפוטלה

מכינה: 1¼ כוסות

רכיבים:
- 2 צ'ילי צ'יפוטלה מיובשים
- ½ כוס מים
- ½ כוס בצל חתוך לקוביות דקות
- 1 כף מולסה
- 1 כפית חרדל מוכן
- ⅛ כפית אבקת שום
- ¼ כפית מלח
- קורטוב של עשן נוזלי (לא חובה)

הוראות:
a) מערבבים את כל החומרים בסיר קטן. מכסים ומבשלים 30 דקות.
b) מסירים את המכסה וממשיכים לבשל עד לסמיכות הרצויה.
c) מוציאים צ'ילי צ'יפוטלה לפני ההגשה.
d) הגישו את הרוטב הזה כמו שהוא לקבלת מרקם שמנמן, או טחנו אותו לפירה כדי ליצור עקביות חלקה יותר.

## 86. רוטב גובלין חליפין

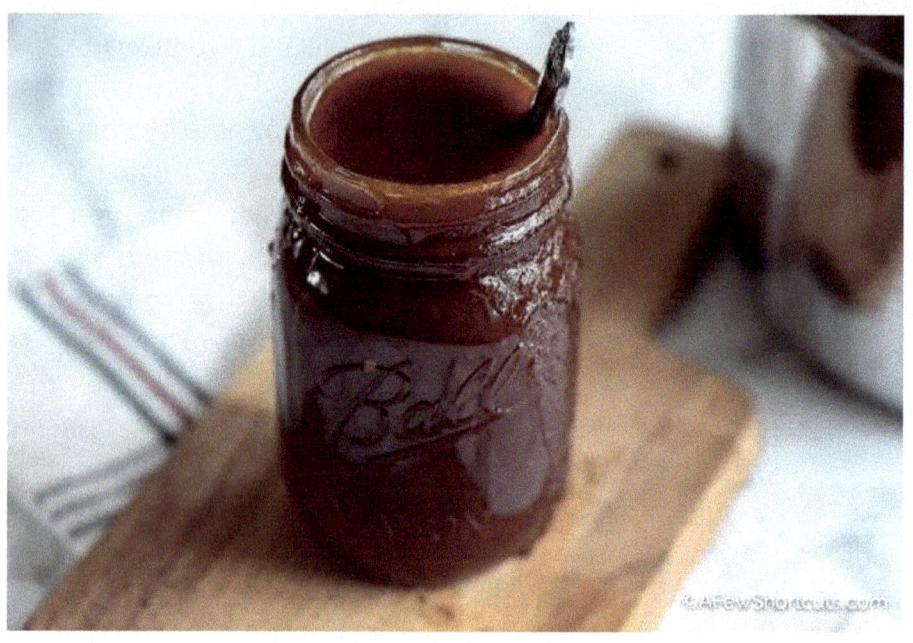

רכיבים:

- 2 כוסות קטשופ
- ¼ כוס מולסה
- 1 כוס סירופ מייפל
- ¼ כוס רוטב ווסטרשייר
- 2 כפיות פלפל לבן
- 2 כפות מלח שום
- 2 כפות תבלין פאי דלעת
- 1 כף כוסברה
- 2 כפות אבקת אנצו צ'ילי
- 2 כפות פלפל שחור
- 1 כף מלח ים/מלח כשר

הוראות:

a) בסיר גדול, מערבבים יחד את החומרים שלך.
b) מביאים את התערובת לרתיחה, ואז מנמיכים את האש למינימום ומבשלים במשך 10 דקות. מצננים לפני ההגשה.

## 87. קרוטב אונג-פו ברביקיו

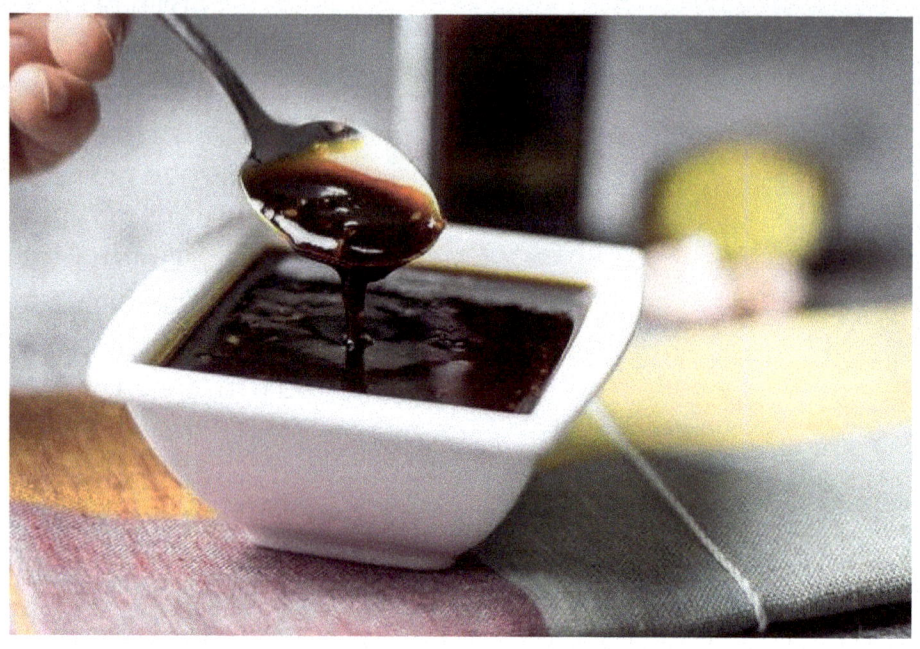

רכיבים:
- 2 כפות חמאה
- 1 בצל בינוני, קצוץ דק
- 2 שיני שום, קצוצות
- ½ כוס מיץ תפוזים
- 1 כוס קטשופ
- 1 כוס חומץ סיידר
- 2 כפות תיבול פירות ים לכל מטרה
- 2 כפות אבקת צ'ילי חריפה
- 3 כפות ציר עוף מגורען
- 1 כף זרעי חרדל (טחונים)
- 1 כף אורגנו
- 2 כפות תיבול נאצ'ו יבש
- 1 כף תיבול עוף לכל מטרה
- 2 כפות פלפל שחור
- 2 כפות מלח ים/מלח כשר

הוראות:
a) בסיר גדול, מערבבים יחד את החומרים שלך.
b) מביאים את התערובת לרתיחה, ואז מנמיכים את האש למינימום ומבשלים במשך 10 דקות.
c) מצננים לפני ההגשה.

## 88. Windy City Street Fighter רוטב

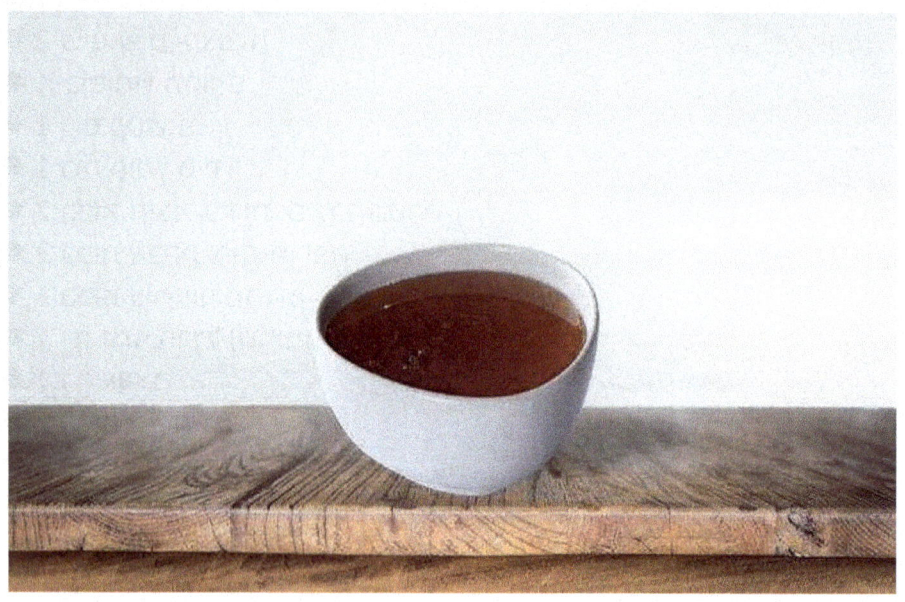

רכיבים:

- רוטב ברביקיו בקבוק 18 אונקיות
- 2 כפות וויסקי
- 1 כף רוטב ווסטרשייר
- 2 כפות אבקת פלפל אנגלי
- 4 כפות אבקת קארי חמה
- 1 כף תיבול פירות ים לכל מטרה
- 3 כפות פפריקה הונגרית מתוקה
- 1 כף פלפל לימון
- 2 כפות זרעי חרדל (טחונים)

הוראות:

a) בסיר גדול, מערבבים יחד את החומרים שלך.

b) מביאים את התערובת לרתיחה, ואז מנמיכים את האש למינימום ומבשלים במשך 10 דקות. מצננים לפני ההגשה.

## 89. רוטב מורדור ברביקיו

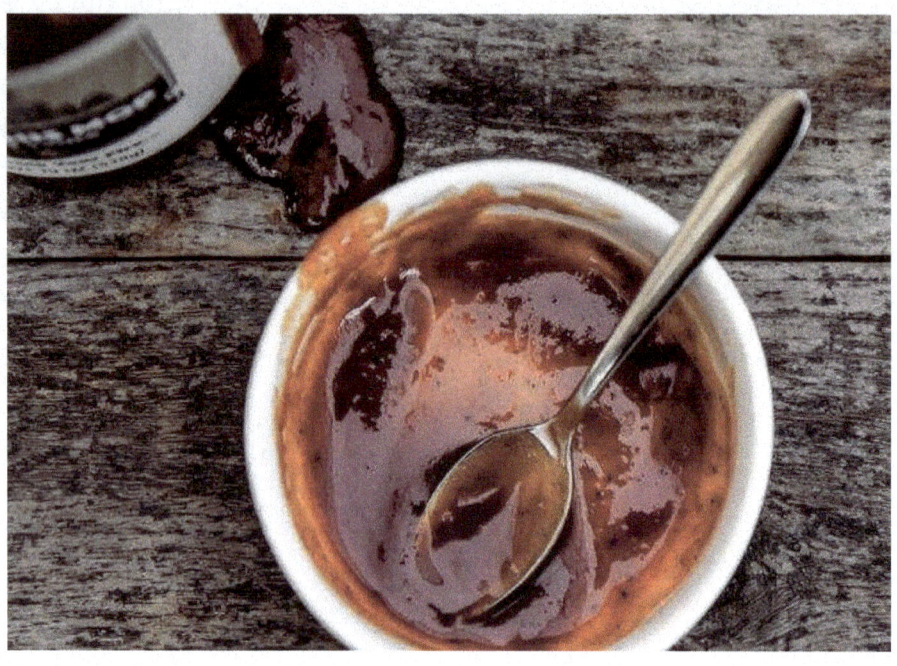

רכיבים:

- 1 כוס קוקה קולה
- 1 כוס רוטב עגבניות משומר
- 6 אונקיות פחית רסק עגבניות
- ½ כוס רוטב ווסטרשייר
- ½ כוס סוכר חום ארוז
- ½ כוס מולסה
- ½ כוס חומץ סיידר
- 2 כפות אבקת אנצ'ו צ'ילי
- 2 כפות אבקת שום
- 2 כפות אבקת בצל
- 2 כפות זרעי סלרי (טחונים)
- 2 כפות כמון טחון
- 2 כפות מלח ים/מלח כשר

הוראות:

a) בסיר גדול, מערבבים יחד את החומרים שלך.

b) מביאים את התערובת לרתיחה, ואז מנמיכים את האש למינימום ומבשלים במשך 10 דקות.

c) מצננים לפני ההגשה.

## 90. רוטב בית המשמר

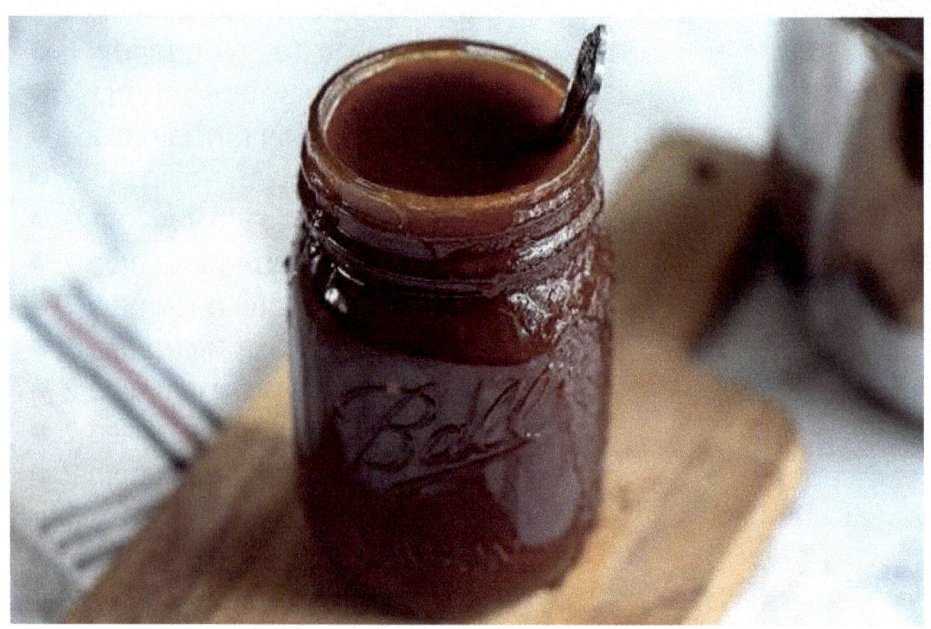

רכיבים:
- ½ כוס מיץ תפוזים
- ½ כוס חומץ סיידר
- ¼ כוס יין אדום
- ¼ כוס רוטב סויה
- 2 כפות פתיתי פלפל אדום
- 2 כפות תיבול בקר לכל מטרה
- 2 כפות חתיכות בייקון
- 1 כף תיבול קייג'ון
- 1 כף ג'ינג'ר (טחון)
- 1 כף זרעי כוסברה (טחונים)
- 1 כף מלח ים/מלח כשר

הוראות:
a) בסיר גדול, מערבבים יחד את החומרים שלך.
b) מביאים את התערובת לרתיחה, ואז מנמיכים את האש למינימום ומבשלים במשך 10 דקות. מצננים לפני ההגשה.

## 91. רוטב מתוק של שטיינדורף

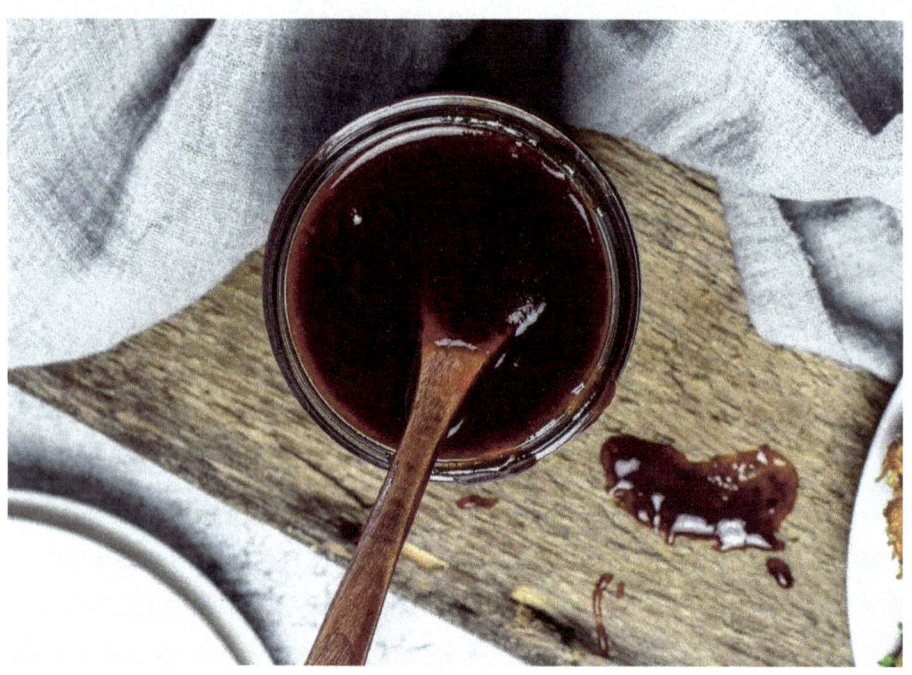

רכיבים:

- קטשופ בקבוק 28 אונקיות
- 2 כוסות דבש
- 2 כוסות מולסה 1 כוס סוכר לבן
- רוטב הוזין בצנצנת 12 אונקיות
- רוטב צדפות בבקבוק 10 אונקיות
- 2 רפות אורגנו
- 2 כפות תבלין פאי דלעת
- 2 כפות פתיתי פלפל אדום
- 4 כפות גראם מסאלה
- 2 כפות אורגנו מקסיקני
- 1 כף אבקת שום
- 1 כף פלפל שחור
- 1 כף מלח ים/מלח כשר

הוראות:

a) בסיר גדול, מערבבים יחד את החומרים שלך.
b) מביאים את התערובת לרתיחה, ואז מנמיכים את האש למינימום ומבשלים במשך 10 דקות. מצננים לפני ההגשה.

## 92. קירה-קירה

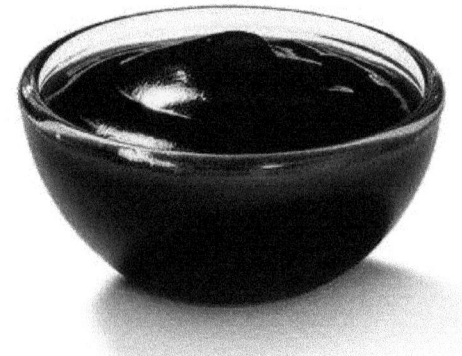

רכיבים:

- 2 כוסות קטשופ
- 2 כוסות רוטב עגבניות
- 1¼ כוסות סוכר חום
- 1¼ כוסות חומץ יין אדום
- ½ כוס מולסה
- 2 כפות עשן נוזלי בטעם היקורי
- 2 כפות תיבול יווני לכל מטרה
- 1 כף ציפורן (טחונה)
- 3 כפות פפריקה
- 3 כפות תיבול טאקו
- 1 כף אבקת בצל
- 1 כף פלפל שחור
- 2 כפות מלח ים/מלח כשר

הוראות:

a) בסיר גדול, מערבבים יחד את החומרים שלך.

b) מביאים את התערובת לרתיחה, ואז מנמיכים את האש למינימום ומבשלים במשך 10 דקות. מצננים לפני ההגשה.

## 93. רוטב ג'וקר

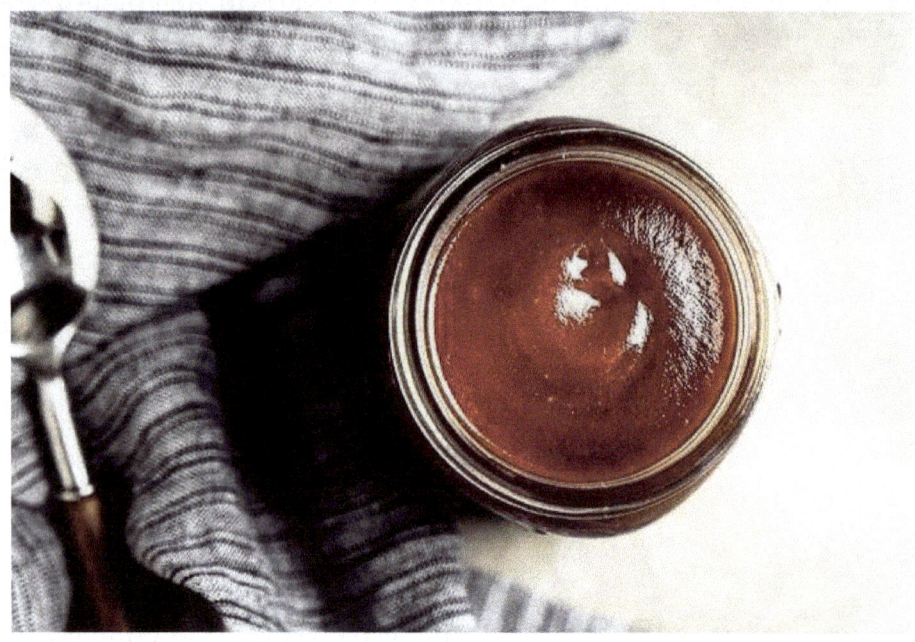

רכיבים:
- ¾ כוס ויסקי בורבון
- 2 כוסות קטשופ
- ¼ כוס רסק עגבניות
- ½ כוס חומץ סיידר
- 2 כפות עשן נוזלי
- ¼ כוס רוטב ווסטרשייר
- ¼ כוס סוכר חום
- 2 כפות זרעי שמיר (טחונים)
- 2 כפות אבקת קקאו לא ממותק
- 1 כף אורגנו
- 3 כפות חמין בקר מגורען
- 1 כף מייס (טחונה)
- 2 כפות פלפל שחור

הוראות:
a) בסיר גדול, מערבבים יחד את החומרים שלך.
b) מביאים את התערובת לרתיחה, ואז מנמיכים את האש למינימום ומבשלים במשך 10 דקות. מצננים לפני ההגשה.

## 94. רוטב קיקלופ קוריאני

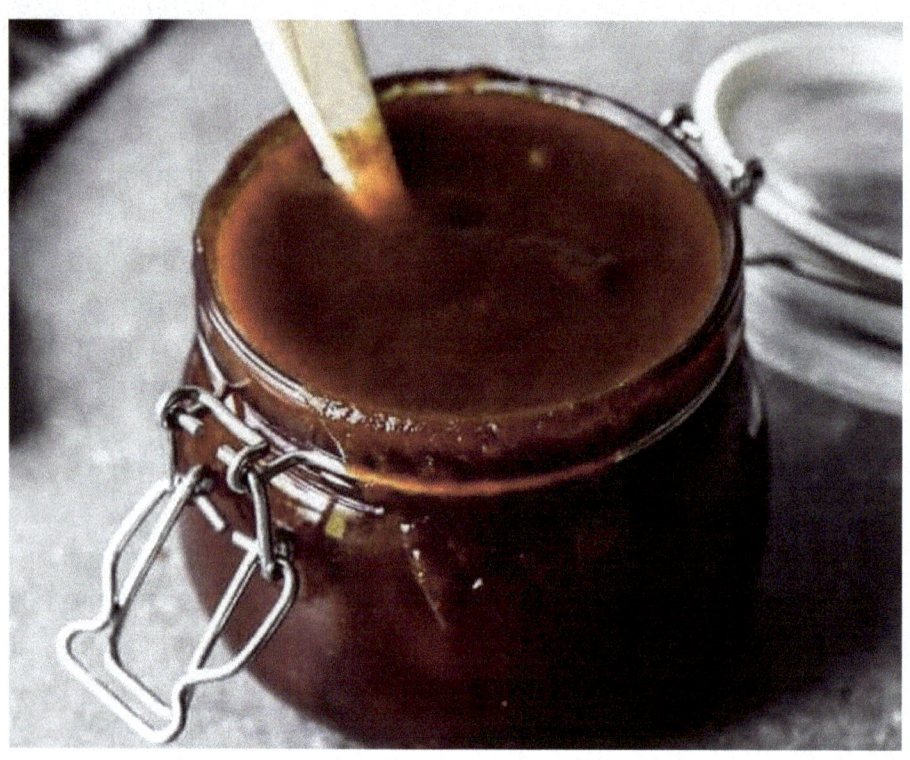

רכיבים:
- 1 כוס רוטב סויה
- ¾ כוס סוכר חום כהה
- 2 כפות שום טחון
- 1 כף חומץ יין אורז
- 1 כף רוטב צ'ילי-שום
- 2 כפות פולי קפה (טחונים)
- 2 כפות תיבול פירות ים לכל מטרה
- 2 כפות אבקת חמשת תבלינים סינית
- 1 כף ג'ינג'ר
- 1 כף פלפל שחור

הוראות:
a) בסיר גדול, מערבבים יחד את החומרים שלך.
b) מביאים את התערובת לרתיחה, ואז מנמיכים את האש למינימום ומבשלים במשך 10 דקות. מצננים לפני ההגשה.

## 95. מבצע אוברלורד

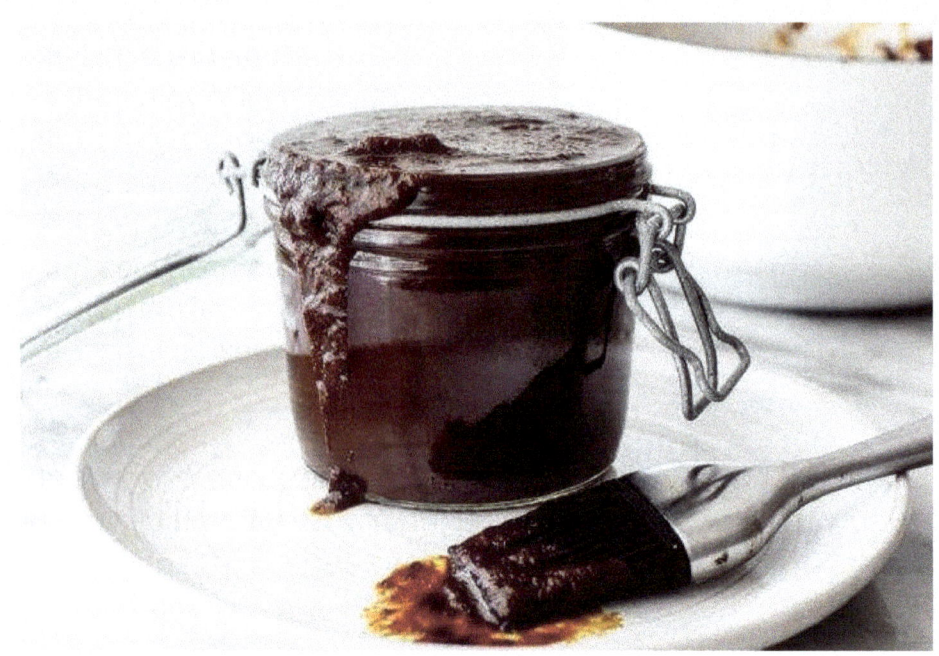

רכיבים:

- 1 כוס חומץ תפוחים
- ½ כוס קטשופ
- 1 כוס סוכר חום
- 3 כפות אבקת צ'ילי חריפה
- 1 כף חמין בקר מגורען
- 2 כפות גראם מסאלה
- 3 כפות תערובת תיבול בוריטו
- 2 כפות אבקת הבנרו
- 2 כפות פטרוזיליה
- 2 כפות מלח ים/מלח כשר

הוראות:

a) בסיר גדול, מערבבים יחד את החומרים שלך.
b) מביאים את התערובת לרתיחה, ואז מנמיכים את האש למינימום ומבשלים במשך 10 דקות.
c) מצננים לפני ההגשה.

## 96. רוטב בדור אש

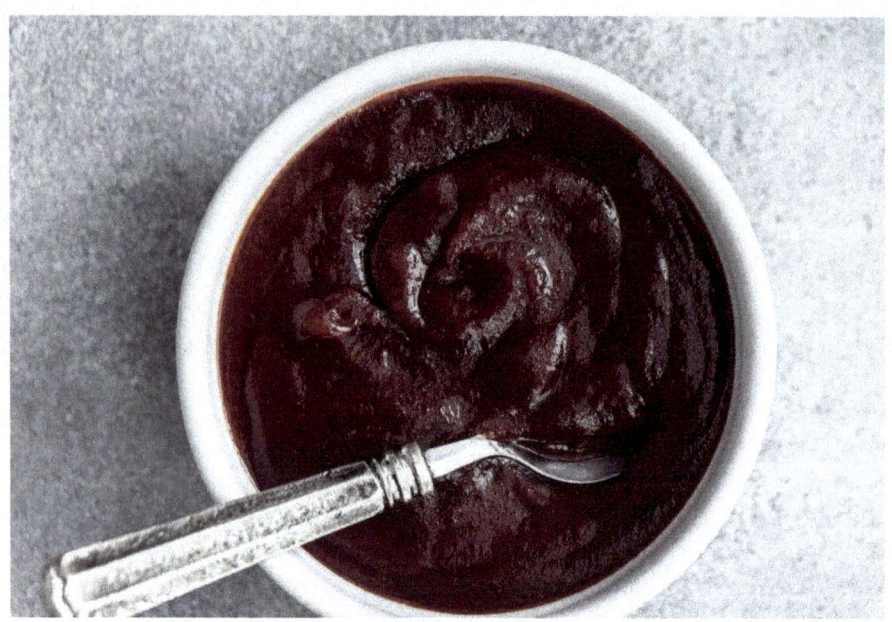

רכיבים:
- 1 כוס קטשופ
- ½ כוס וויסקי Fireball
- 2 כפות סוכר חום
- 2 כפות רוטב ווסטרשייר
- 1 כף חומץ סיידר
- ½ כוס רוטב פלפל חריף
- 2 כפות תיבול פירות ים לכל מטרה
- 2 כפות אבקת חמשת תבלינים סינית
- 2 כפות פטרוזיליה
- 2 כפות אגוז מוסקט
- 3 שיני שום כתושות
- 2 כפות אבקת בצל
- 1 כף רוזמרין
- 2 כפות פלפל שחור

הוראות:
a) בסיר גדול, מערבבים יחד את החומרים שלך.
b) מביאים את התערובת לרתיחה, ואז מנמיכים את האש למינימום ומבשלים במשך 10 דקות. מצננים לפני ההגשה.

## 97. רוטב קציצות בשר פרחוניות

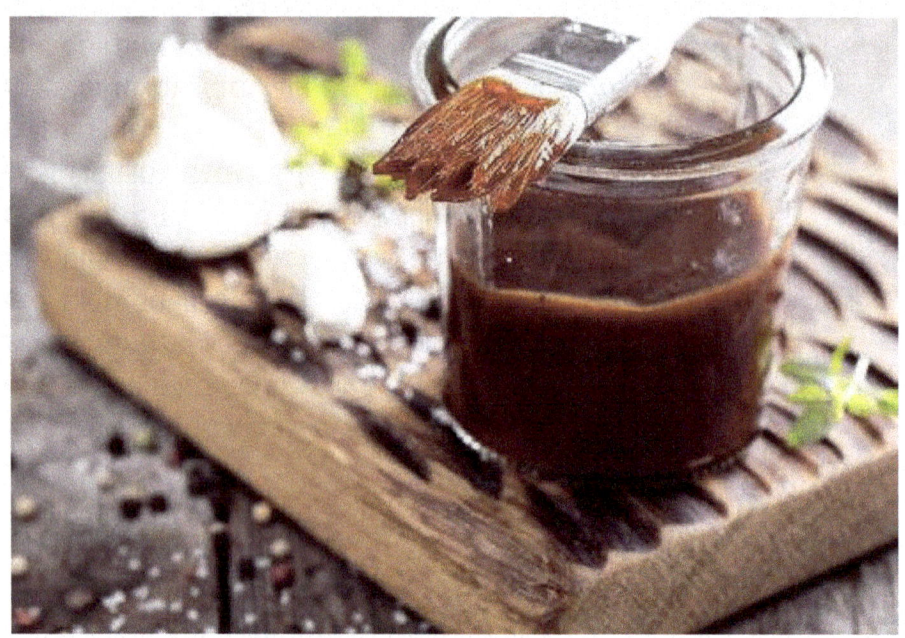

רכיבים:
- 1 כפית שמן צמחי
- 2 כפות סוכר חום
- 1 כוס חומץ תפוחים
- 2 כפות חרדל צהוב
- 1 כף אבקת צ'ילי חריפה
- 2 כפות אבקת כוסברה
- 2 כפות אבקת ג'לפנו
- 3 כפות לבנדר
- 2 כפות פלפל שחור
- 2 כפות מלח ים/מלח כשר

הוראות:
a) בסיר גדול, מערבבים יחד את החומרים שלך.
b) מביאים את התערובת לרתיחה, ואז מנמיכים את האש למינימום ומבשלים במשך 10 דקות. מצננים לפני ההגשה.

## 98. רוטב אוכל מוות

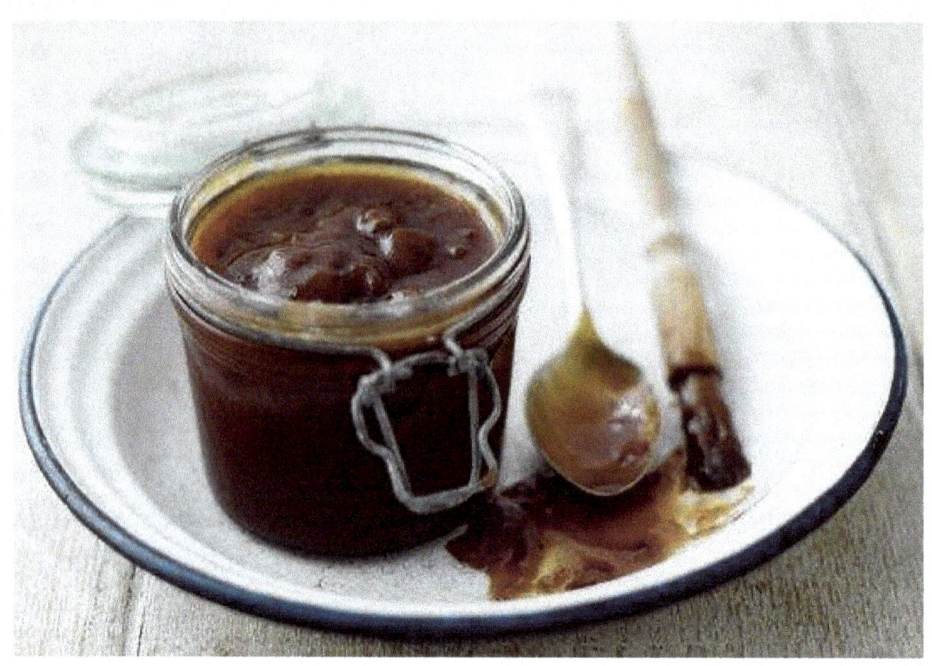

רכיבים:

- 1½ כוסות סוכר חום
- 1½ כוסות קטשופ
- ½ כוס חומץ יין אדום
- ½ כוס מים
- 2 כפות רוטב ווסטרשייר
- 2 כפות תיבול עוף לכל מטרה
- 2 כפות תיבול פירות ים לכל מטרה
- 1 כף אבקת סראנו צ'ילי
- 2 כפות אבקת הבנרו
- 2 כפות פלפל שחור
- 1 כף מלח ים/מלח כשר

הוראות:

a) בסיר גדול, מערבבים יחד את החומרים שלך.

b) מביאים את התערובת לרתיחה, ואז מנמיכים את האש למינימום ומבשלים במשך 10 דקות. מצננים לפני ההגשה.

## 99. <u>הרוטב הזועם של קפטן אמריקה</u>

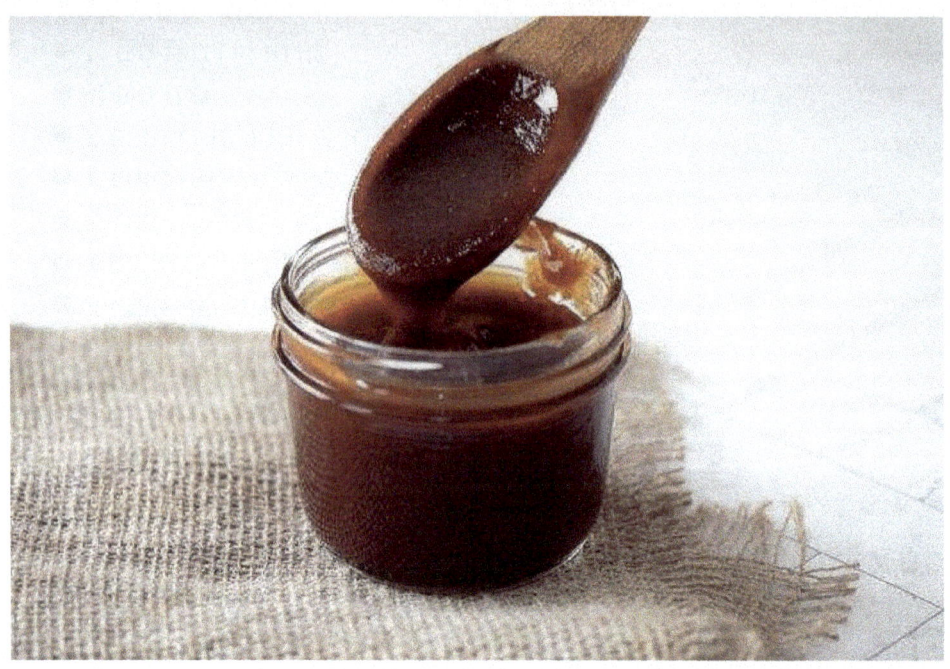

רכיבים:

- 1 (36 אונקיות) בקבוק קטשופ
- 1 כוס ריבת פטל
- דבש צנצנת 8 אונקיות
- 1 כוס מיץ חמוצים שמיר
- 2 כפות חרדל חריף
- ¼ כוס סוכר חום
- 2 כפות פפריקה
- 2 כפות עשב שמיר 2 כפות אורגנו
- 2 כפות שום מגורען
- 1 כף ציפורן (טחונה)
- 2 כפות תיבול פירות ים לכל מטרה
- 2 כפות פלפל שחור

הוראות:

a) בסיר גדול, מערבבים יחד את החומרים שלך.

b) מביאים את התערובת לרתיחה, ואז מנמיכים את האש למינימום ומבשלים במשך 10 דקות. מצננים לפני ההגשה.

## 100. רוטב טיטאן

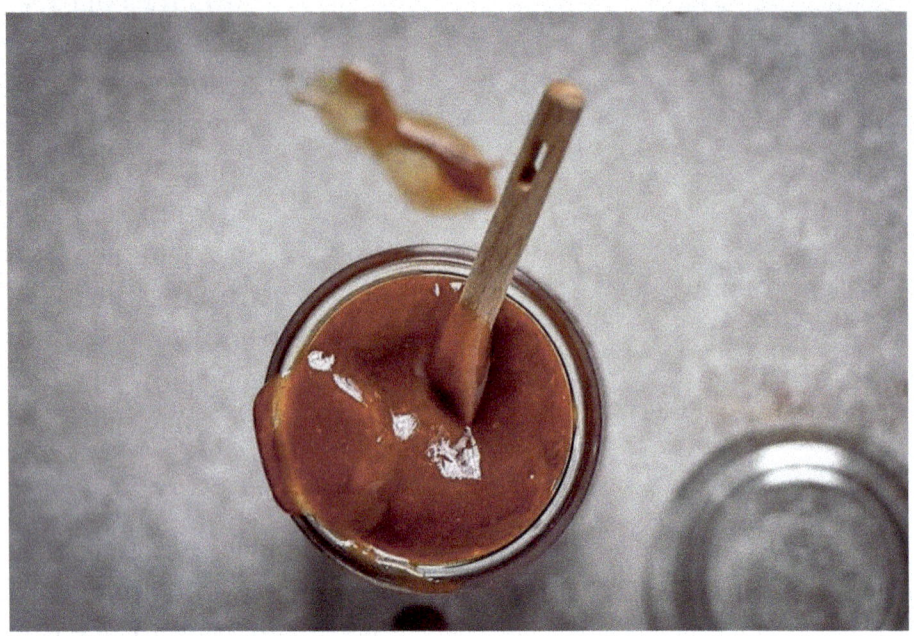

רכיבים:

- 1 כוס קטשופ
- ½ כוס רוטב סויה
- 2 כפות ריבת פטל
- 2 כפות סוכר חום
- 2 כפות רוטב ווסטרשייר
- 2 כפות רוטב עגבניות
- 2 כפות תערובת תיבול פאג'יטה
- 2 כפות אבקת קקאו לא ממותק
- 1 כף אבקת בצל
- 1 כף פפריקה הונגרית מתוקה
- 4 כפות תיבול עוף לכל מטרה
- 2 כפות פלפל שחור

הוראות:

a) בסיר גדול, מערבבים יחד את החומרים שלך.

b) מביאים את התערובת לרתיחה, ואז מנמיכים את האש למינימום ומבשלים במשך 10 דקות. מצננים לפני ההגשה.

# סיכום

מזל טוב שהצלחת להגיע לסוף של מדריך קציצות בשר ביתיות אולטימטיבי! אנו מקווים שהמדריך הזה עזר לך להפוך למומחה לקציצות בשר והעניק לך השראה ליצור ארוחות טעימות ובלתי נשכחות עבור המשפחה והחברים שלך.

זכרו, המפתח להכנת קציץ בשר מושלם הוא להתנסות עם בשרים, חומרי מילוי ותבלינים שונים עד שתמצאו את השילוב המתאים לטעמכם. אל תפחד לנסות דברים חדשים, בין אם זה להוסיף ירקות או לנסות רטבים שונים.

אבל הכי חשוב, אל תשכח את האהבה שעוברת בהכנת קציץ בשר. קציץ בשר הוא מנה שנועדה לחלוק עם אנשים אהובים וליהנות ממנה בצחוק ובשיחה. זהו אוכל מנחם שמפגיש אנשים, ואנו מקווים שהמדריך שלנו עזר לכם ליצור הרבה זיכרונות שמחים סביב שולחן האוכל.

תודה שבחרת במדריך הקציץ הביתי האולטימטיבי. אנו מאחלים לך את כל הטוב שבהרפתקאותיך הקולינריות, ואנו מקווים שהמדריך הזה עזר לך להפוך למאסטר קציצות בשר. בישול שמח!

216